光明医养结合
模式考究

——兼论"家庭病床"模式亮点痛点与对策

王红漫 著

中国财经出版传媒集团
中国财政经济出版社

图书在版编目(CIP)数据

光明医养结合模式考究：兼论"家庭病床"模式亮点痛点与对策/王红漫著. —北京：中国财政经济出版社，2019.3

ISBN 978-7-5095-8840-6

Ⅰ.①光… Ⅱ.①王… Ⅲ.①养老-社会服务-研究-中国 Ⅳ.①D669.6

中国版本图书馆CIP数据核字(2019)第036774号

责任编辑：贾延平　刘孺泾　　　　责任印制：刘春年
责任校对：黄亚青

中国财政经济出版社 出版

URL：http://www.cfeph.cn

E-mail：cfeph@cfemg.cn

(版权所有　翻印必究)

社址：北京市海淀区阜成路甲28号　邮政编码：100142

营销中心电话：010-88191537

北京财经印刷厂印装　各地新华书店经销

787×1092毫米　16开　12印张　161 000字

2019年3月第1版　2019年7月北京第2次印刷

定价：48.00元

ISBN 978-7-5095-8840-6

(图书出现印装问题，本社负责调换)

本社质量投诉电话：010-88190744

打击盗版举报热线：010-88191661　QQ：2242791300

导 言

光明医养结合模式撷珍

目前我国已进入老龄化加速发展期,中央政府高度重视,地方政府积极采取应对措施,其中深圳市光明新区开展的"医养结合"模式,开创了我国家庭养老下的新型"医养结合"养老模式。北京大学"健康中国理论与实证研究"课题组会同中国卫生经济学会老年健康专业委员会"医养结合研究"课题组,对我国东中西部经济发展和老龄化程度不同水平的地区进行实地调研,总结经验、发现问题、提出对策。

本研究通过参与性观察、访谈与成本—效益分析、成本—效果分析,将定性与定量分析相结合,介绍"光明医养结合'家庭病床'模式"的亮点、痛点,对这种模式开展的效果、效益、优劣势进行研究和分析。根据研究结果,结合我国国情提出对策建议,并为其他各地"医养结合"理念下养老模式的构建提供参考。

1. "家庭病床"模式的亮点

"家庭病床"服务是指对需要连续治疗,又需要依靠医护人员上门服务的患者,在其家中设立病床,由指定医护人员定期查床、治疗、护理,并在特定病历上记录服务过程的一种社区卫生服务形式。

(1)"家庭病床"模式在成本—效果方面的集约性

通过成本—效果分析方法,从诊疗成本、医院成本、政府投资成本三个方面进行测算。其中,家庭医生开展上门服务与其在医疗机构内所提供服务的区别,仅限于是否"上门"这一流程,诊疗成本主要从人力成本和交通成本两方面进行核算。在医院成本方面，"家庭病床"模式会增加医护人员的看诊的灵活性，因此，对于具体办公地点的要求则会降低。从2014年"家庭病床"模式开展初始，光明社康中心家庭医生团队的办公面积保持在25m^2，随着团队医护人员的增加，人均办公面积占有数量从2014年的8.33m^2/人逐渐下降至2017年的5m^2/人，为医院节省了办公面积。在政府投资成本的测算中，深圳市政府对于每张"家庭病床"的补贴金额为3 000元，按照2017年政府补贴情况看，当光明社康中心"家庭病床"服务率覆盖97.9%时，政府补贴金额为1 893 000元，若服务覆盖率为100%，服务床位数为1 164张，政府需补贴3 492 000元。参照深圳市宝安区养老院建设工程项目，占地面积7 324.66 ㎡，总建筑面积67 119.33 ㎡。项目新建主楼一幢，地上23层，地下3层，各层设主要功能用房，共设置床位1 000张，其中特护型（介护老人）390张，半护理型（介助老人）395张，自助型（自理老人）215张，其概算总投资5.23亿。再参照浙江省公建民营养老机构实际床位配置和投资金额，杭州滨江绿康阳光家园共有床位2 000张，投资金额为5亿。将"家庭病床"模式与筹建养老机构两种养老模式的对比不难看出，筹建养老机构的投资金额要求明显高出"家庭病床"模式。

（2）"家庭病床"模式在成本—效益方面的优质性

运用成本—效益分析方法进行评估。结果显示，从2015年至2017年"家庭病床"模式的总体成本增长幅度在不断下降，而总体收入增长幅度在不断上升，其中诊疗费用收入增长幅度尤为明显。诊疗费用收入的突增的原因可归纳两方面，一方面在于诊疗费用由起初的17元/次提升至77元/次，另一方面该模式开展产生了较好群众效应，辖区居民的参与率不断增加，从2014年的95.5%增至2017年的97.9%。在患者受益方面，门诊费用对比分析结果显示，"家庭病床"模式下患者的诊疗时间（10分钟）较传统就医模式的诊疗时间（三级医院门诊150分钟）有了缩减明显。此外，"家庭病床"模式下，老年人的住院率得到明显控制，伴随该模式服务覆盖范围的不断扩大,光明社区健康服务中心辖区老年人口的住院率也在不断下降,从2015年的28%下降至2017年的14%,住院率下降趋势明显。

(3)综述"家庭病床"模式的可实行性

世界卫生组织2015年发起的健康老龄化战略旨在实施和加强支持老年人自主性(autonomy)的措施,包括调整卫生服务和社会服务系统,使老年人可以留在家里和社区。2018年10月23~25日在加拿大魁北克城举办"居家老龄化(Ageing at home)的国际技术会议",这次国际技术讨论会有90多位代表参加,来自世界卫生组织(WHO)和泛美卫生组织(PAHO)以及15个国家(美国、加拿大、中国、英国、澳大利亚、西班牙、韩国、芬兰、尼日利亚、苏丹等),从事老年健康政策研究的代表,通过法语和英语同声翻译交流。会议的宗旨是促进对话、思考和讨论老龄化的发展、存在问题、挑战和可能解决的方案。通过讨论使大会的科学委员会在四个行动领域达成共识,得到工作的进一步支持:①对政策的行动(Taking action on policies to promote healthy aging in place);②对环境的影响(Taking action on the environment);③对人的影响(Taking action with the person);④老年人及其行为(The person and their actions)。放在第一位的是就促进健康老龄化的政策采取行动,倡导调整卫生服务和社会服务系统,适应老年人的需要,使老年人可以留在家里和社区养老,而不是去护理院和医院养老,WHO也通过学术等渠道收集全球良好的健康老龄化资料。

北京大学"医养结合"模式("家庭病床"、护理院)卫生经济学测算评估课题组,通过成本—效果分析和成本—效益分析,结合参与性观察和实地访谈结果,认为居家养老"家庭病床"模式开展的优势可以从服务对象,即患者、医疗人员、政府三方面进行逐层分析。患者在"家庭病床"模式中的受益主要包括:诊疗便利程度提升、医疗费用降低、生活质量和精神状态改变、疾病突发应对以及预后效果改善等方面。在诊疗便利程度方面。"家庭病床"模式使得患者求医就诊的花销明显降低，对已经"建床"的患者，家庭医生每周固定时间上门诊疗，与患者日常临时需求相结合，采取日常固定诊疗和按需灵活诊疗相结合的模式。该种模式让患者在家中就能享受到与社区医疗机构同等的诊疗待遇。在医疗费用降低方面。"家庭病床"模式采用的依据医保住院报销的形式，患者在选择"家庭病床"模式就诊时，其医疗费用的花销皆按住院费用报销，极大地缓解了患者经济负担。同时，该种模式使得家庭医生能够基于老年患者的日常生活行为习惯和饮食习惯，就老年患者的患病情况，提出个性化康复策略和保健方案。在生活质量和精神状态方面，"家庭病床"模式更多体现在家庭医生对于老年患者的人文关怀和心理慰藉上。在疾病突发应对以及预后效果方面，家庭医生定期上门诊疗，能够对老年患者病情的轻重缓急进行明确判断，能够在老年人病发的第一时间采取有效措施，并将老年人送往医院及时就诊。此外，老年人术后出院康复时，家庭医生能够随时跟踪老年患者的疾病预后情况，指导患者家属和保姆进行合理的康复操作，以改善老年人的术后康复效果。对老年人的"居家养老"应成为工作的重点，也是符合中国老年卫生服务的原则，可以大大节约卫生资源。发展"医养结合"模式（"家庭病床"、护理院）"居家照护""双向转诊"是整合医疗卫生服务的重要组成部分。《光明医养结合家庭病床模式考究》为世界健康老龄化研究形成政策（Aging at home: Research to inform policies）补苴罅漏[①]，提供了实践范本。

（4）"家庭病床"模式对医务人员的要求

"家庭医生"模式对于家庭医生来说，主要的受益表现在，基层医疗机构的疾病治疗范围有限，多为简单病种，对于家庭医生的诊疗能力以及专业技术能力的提升较为有限。而"家庭医生"模式的开展，使得家庭医生摆脱原来被动的诊疗方式，采用主动方式，有更多的机会接触和了解不同的疾病，从而能够提升家庭医生的业务能力。另一方面，家庭医生在定期与患者沟通交流后，增加医患亲近度，医患之间的关系更为

---

① 补苴罅漏：语出唐·韩愈《进学解》。喻，指弥补缺陷。

融洽，还能够在看病就诊过程中提升自身专业能力，同时在与患者的深入交流后提升人文关怀能力。

（5）"家庭病床"模式对老年人的便利性

"家庭病床"模式的开展，对于政府来说，其受益主要体现在医疗卫生资源利用效率和老龄化产生的医疗负担。从医疗卫生资源利用效率看，"家庭病床"模式使得老年患者能够在家中就享受同样的医疗就诊待遇，并且通过家庭医生的日常定期诊疗和干预指导，改善老年人的健康状况。从老龄化产生的医疗负担看，通过"家庭病床"模式，患者能够在家庭医生指导下改变不良生活行为习惯，对患病老年人起到改善健康状态、控制病情的效果，对于未患病老年人来说，能够达到"防治未病"的效果，降低慢性疾病的患病风险。老人看病不出门、取药不排队，医药送上门，治疗在家中，心情更愉快。

2."家庭病床"模式的痛点

目前，"家庭病床"模式的进一步推进，仍存在诸多问题亟待解决，需要进一步完善：

（1）人力资源的缺乏和不足

"家庭病床"模式相比传统的坐诊模式，要求医护人员走出机构，上门服务，这就涉及两方面问题。一方面，对于医护人员的诊疗水平和经验具有一定的要求，由于相比基层医疗机构的坐诊医生，上门诊疗的医护人员可能会随时面对难以处理的突发情况，因此，上门诊疗的医护人员要具有一定的专业判断能力和疾病处理的经验。另一方面，上门诊疗相比传统的坐诊模式，医护人员不仅与疾病打交道，还需要与患者及其家属打交道，具有较好的沟通能力医护人员才能够实施病情观察和行为干预，否则该种模式的效果难以实现。

由于"家庭病床"模式对于医护人员的要求较传统坐诊模式的要求高，且工作量较大，薪酬待遇不高，因此，人力资源缺乏问题比较突出。这不仅涉及到医生是否愿意到基层医疗机构工作，也涉及医疗机构需要进行筛选符合条件的人员。

（2）诊疗过程中存在的风险

"家庭病床"模式主要是家庭医生定期上门对患者提供诊疗服务，在提供服务过程中，不排除患者有"购买服务"的消费心理，即患者希望在自己支付诊疗费的同时，能够享有更为优质且更为长久的诊疗服务。但家庭医生医疗技术水平未达到患者期待时，患者及其家属可能会产生排斥心理。还需要考虑上门诊疗过程中潜在的"道德风险"，即患者接受上门诊疗服务时，处于一个闭塞的诊疗环境中，由于医患双方信息不对称，患者处于被动地位，因此，要避免家庭医生对患者诊疗的"寻租行为"。

上门诊疗主要在患者家中，因此，一些诊疗项目存在一定局限性，如对环境清洁度、温度、湿度等方面，具有一定要求，需要谨慎处理；在家庭医生指导患者家属协助操作时，也需要保证教授医疗常识和内容的全面性、系统性和科学性，防止患者家属协助操作过程中，缺乏相关医学知识而导致病情恶化或其他情况。

（3）政府医疗保障水平和能力

目前，深圳光明社康中心采用的"家庭病床"模式，其报销比例是依据住院报销比例进行，基本在85%以上。针对深圳经济较为发达、覆盖患者数量较小的情况，该种模式能够让患者支付较低费用的同时享有较高的服务待遇。但是，需要考虑人口老龄化趋势下服务人口数量的增加，以及该种模式推广后，面对的服务人群更广的情况，现有医疗保障资金是否有能力负担，第六项社会保险（长护险）的建立尤显重要。此外，还需要考虑到流动人口和随迁人口，医疗保障资金是否能够覆盖。建立全国统一"长护险"，个人帐户随人走是着力点。无论如何，该模式比大规模新建医院和养护院养老仍然是既卫生、又经济，亦符合中国老年人在全生命周期中能居家疗养时即在家中的需要与需求。

（4）医联体协作机制的构建优化

针对医联体协作机制的构建与优化，结合目前"家庭病床"模式开展的问题与经验，本研究主要从信息共享以及药品共享两方面进行阐述。

首先，信息共享方面，"家庭病床"患者病案信息系统和药品使用相关信息系统，仅在社康信息系统中得到构建，未能与上级医院信息系统对接。患者病案与用药信息的未共享，一方面不利于患者在住院期间，让住院医师第一时间系统全面地掌握患者的日常情况；另一方面患者住院后，家庭医生对于患者的病情也会转为"空白期"，不利于患者出院后，家庭医生针对性地对患者进行康复和保健指导工作。由于医疗信息系统对接工作量较大，且存在一定的技术困难，信息提供对接不仅仅是存在于"家庭病床"模式中的重要问题，也是我国医疗机构信息化能力构建和信息化管理体制优化的重要环节。

其次，"家庭病床"模式的开展，深圳市光明社区健康服务中心的"家庭病床"模式开展的成功原因之一，在于家庭医生可根据患者需求直接到上级医院领药，而不受限于国家基本药物目录，是因为"院办院管"的便利（即深圳市光明社区健康服务中心隶属于光明新区医疗集团，因此具有紧密的合作性和协同性）。而就全国范围看，很少基层医疗机构能够与上级医院构建这种亲密无间的关系，其他地区的社康和医院不具备这种关系则很难实现自由领药，许多老年患者患有慢性病或处于共病状态，由于所在社区没有其所需药品，被迫至二级医院或三级医院购买其处方内药品，由此造成许多不必要的花销（如交通费、时间、诊疗费用等）。

3. 针对"家庭病床"模式痛点的对策

新形势下，针对上述潜在问题，结合我国国情、国家政策和医疗卫生资源配置的实际情况，提出以下对策建议。

（1）优化人事制度，建立紧密型医联（共）体，促进各级医疗机构有效沟通

针对基层医生和家庭医生人力资源缺乏的现状，相关部门可以调整人事制度和职称晋升制度。一方面，提升基层医疗机构医护人员的薪酬待遇，增加对基层医疗机构的政府补贴资金投入；另一方面，调整医护人员的职称评审制度，将基层医疗机构的服务时长和业绩纳入职称评审制度中，提升基层医疗机构医护人员工作的积极性和主动性。此外，可采用基层医疗机构的优先人员的评选制度，增加基层医疗机构和医护人员的社会影响力和公众认可度，增加基层医护人员的职业荣誉感。政府主管部门进一步完善"医联体"建设，加强对基层医疗机构医务人员业务技能考核的管理，出台相应的技能考核政策，考核不合格的给予一年补习机会，仍不合格的应予辞退，以保证基层医疗机构的服务质量。

在基层卫生服务工作的质量上，从目前提升家庭医生签约服务转变为整合性医疗服务（integrative care），在家庭医生签约的基础上，重点考虑如何为服务人群（尤其是老年人）提供连续性的医疗卫生服务，特别是要重点考虑居家护理和家庭病床的工作。

人才调动方面，三级医院在从医学院校直接招聘医务人员的基础上，每年应有一部分名额从联合体的二级医院中选调，二级医院应当从基层医疗机构中选调，这样可以增加二级医院和基层医疗机构医务人员的学习动力。实行资源共享、人才共享、利益共享和责任共担"紧密型医联体"，在医疗联合体内，上级医院的科室领导与下级医院实行转岗任职，确保整合医疗所需的人力资源。

由于目前医疗机构的层级不同，三级医院往往比基层医疗机构更为全面使用药品种类。由于医疗信息系统尚未统一，各家医院不能共享患者病史及相关病案信息。课题组建议，强化医院联系，促进各级有效沟通：首先，各级医院加强联系，构建战略合作关系，在取药、处方等方面构建互认机制，加强基层医疗机构的服务能力，减少患者因基层医疗机构缺少药品而被迫前往上级医疗机构的现象，合理分散患者人群，缓解上级医院的诊疗压力。其次，建立创新与变革的平台，构建病案共享信息系统，尤其是构建基于"家庭病床"模式的长期患者病情观测记录的病案信息共享系统。最后，病案信息共享既要考虑纵向构建，也要考虑横向拓展，由于居民具有流动性，横向信息共享系统，能够让患者在迁移至其他社区或城市同样使家庭医生尽快掌握患者的情况。

还需要增设第三方机构，对家庭医生及其服务进行评估和考核，医院或卫生监管部门可以构建医疗服务评价体系，从患者满意度、患者患病率、患者健康评价等方面对于家庭医生进行量化考核，提升家庭医生的工作效率。

（2）完善行政监管，重视产学研协同效应，构建"互联网+健康"智慧养老

首先，要整合医疗服务和社会服务的网络，在"医养结合"模式发展与推进过程中，应秉承"家庭—社区—机构"养老协同发展理念，根据老龄人口身体健康、心理健康、服务需求等实际情况分类指导，制定个性化养老策略，推进具有中国特色、跨部门的医养结合养老模式制度建设。设立高一级的统筹管理部门，协调养老医疗资源，建立统一完善的养老和医疗配套政策。明确所属相关部门的职责权限，例如，卫生部门负责制定医疗机构准入和医疗行为的监管制度；民政部门负责制定养老机构注册及其资质准入制度以及纳入医保的资质标准。政府相关部门根据职责权限，分别修订关于养老和医疗资格准入、机构规范、行业管理等相关政策，规范、监督养老机构，防止个别无良者为钱办医养、损害老人权益的现象，从执行层面推动医养结合服务的统一和完善。

其次，以科学研究推动政策制定与监管优化，深入开展对"医养结合"养老模式的学术研究。在研究视角上，探索多学科、多理论的综合运用，从跨学科的视角，多角度对研究对象进行分析和探讨。加强理论性系统研究和国外经验本土化的研究。加强"医养结合"机构的准入、审核、评估、监管方面的研究，提出可操作性的建议。开展"医养结合"创新模式的研究及现有模式成效的研究。要切实面向社会需求，充分利用高新科技成果，构建智慧养老，推行"互联网+医疗健康"，能够有效提升医疗卫生现代化管理水平，优化资源配置，创新服务模式，提高服务效率，降低服务成本，满足人民群众日益增长的医疗卫生健康需求。

2018年，《国务院办公厅关于促进"互联网+医疗健康"发展的意见》明确指出，要推进远程医疗服务覆盖全国所有医疗联合体和县级医院，并逐步向社区卫生服务机构、乡镇卫生院和村卫生室延伸，提升基层医疗服务能力和效率[①]。智慧养老系统通过智慧医养云平台和手机APP，可为老人提供生活照料、养老托管、上门诊疗、快速救治、健康监测、安护康宁、健康档案、服务改进、政府监管等全方位的医养服务信息，同时通过"云+端"平台，还可实现机构与老人及老人亲属之间，政府与机构及社区之间，机构与家政及电商之间同步视频沟通服务，具有精准、高效、快捷、可视的特点。

社区居家养老有四大需求：健康、生活、文化和安全，健康和安全是其基本需求。安全方面需要保证人员的居家安全，全方位监测老年人的地理位置和生理状态。健康方面需要对老人的身体状况进行跟踪监测并对异常情况及时告警。在安全方面，可以利用定位技术实现人员及用车的位置跟踪。遇到紧急情况，通过智能手环或其他移动设备呼叫求救，管理呼叫中心后台通过确认其位置信息，进行双向通话，尽快进行紧急救援，开启智能化居家养老模式，居家老人发生紧急情况，通过可穿戴设备、人工智能设备进行一键三呼，链接家属、呼叫社区卫生服务中心和120急救中心，三方响应，第一时间居家老人院前急救到位，实现"实时监控、远程监管、及时抢救"目标，解决居家老人突发情况抢救不及时的问题。在健康方面，通过移动终端收集老人的生理数据，自动传入云端后台，进行自动数据分析与处理，将每日收集的数据定期发送给家庭医生、住院主治医师或其家属和保姆，给出诊断或康复建议，一方面让老年人及其家属对老年人身体和疾病状态有个动态了解，另一方面便于医生掌握老年人的健康状态，更好地进行医疗和康复指导。可以每天进行日常的健康监督、运动及饮食指导，特别对于一些高危人群，如高血压、糖尿病、脑卒中患者。例如将老人血压、心跳、血脂等数据采集上传至市级健康数据分析中心，健康数据分析中心经过大数据分析之后，推送健康指数给用

---

① 国务院办公厅关于促进"互联网+医疗健康"发展的意见（国办发〔2018〕26号）.［EB/OL］.（2018-04-28）.http://www.gov.cn/zhengce/content/2018-04-28/content_5286645.htm

户，或者在家属授权后传送给医师实时关注健康状况（健康档案、用药记录、护理记录、运动方案、营养套餐、心理慰藉、服务方案等）；还可以实时推送专家坐诊信息，用户可以预约远程视频会诊和医生咨询，使智能化护理与智慧化医疗有机结合服务全人群（尤其是老年人）健康。但需要重视数据信息的保密性和安全性，防止信息泄露或恶意售卖等。

（3）理论实证并举，内涵外延共襄，更新概念内核，拓展"医养结合"外延

早在《黄帝内经》中就有"圣人不治已病治未病"的记载（《黄帝内经·素问》），《国语·晋语八》亦提出"上医医国，其次疾人"。医养结合中的"医"，不仅仅是指医疗，而是大健康的概念，尤其在我国人口老龄化加速演进的现实状况下，即为"健康融入所有政策"的具体体现。

党的十八届五中全会明确，将建设"健康中国"正式上升为国家战略，党的十九大全面部署了实施健康中国战略，指出"人民健康是民族昌盛和国家富强的重要标志"。建设"健康中国"是习近平新时代中国特色社会主义思想的重要组成部分，实施健康中国战略任务，更需要突出健康保障"系统观、全局观、发展观"，仅仅关注发病后的治疗，总体效果差，健康危机有可能愈演愈烈；加强"天人合一"思想的系统性布局，进行健康教育、健康传播、健康促进，充分利用高新技术手段构建生命全过程的危险因素预测、控制、行为干预、疾病管理与健康服务，提升健康保障能力和自主性，减少对医疗干预的依赖，提升全民健康水平，让广大百姓生活质量更高、生存环境更美，"不患病、少得病、晚生病、更健康"，活的更有滋味，应是"医养结合"发展的重大战略目标，是积极主动应对老龄社会挑战的重要需求，也是实现健康老龄化和健康中国2030的战略目标的必经之路。

健康红利与全民福祉紧密结合，是"医养结合"的战略内涵。"医养结合"中的"养"包括："养病""养生""养心""养元"；与"医"结合，分别对应着"慢病管理、传染病管理和急救管理""健康管理""文化养老、情志疗法&心理关怀""生态养老"。

强调"天、地、人"整体观，这便是"医养结合"精神内涵。"医养结合"将中华文化、医护服务与养老服务结合起来，不仅仅提供传统养老模式所提供的基本生活服务，如日常生活照料、精神慰藉和社会参与，还可以提供预防、保健、治疗、康复、护理和临终关怀等全链条的医疗护理服务，并促进中华优秀传统文化的发扬，践行"正气存内、邪不可干""阴平阳秘、精神乃至"的"文化养老""绿水青山、宜居环境""亲近自然、顺遂中道"的"生态养老"，为中国特色社会主义事业增添新的文化内涵。

圣贤道德文化对社会的稳定和身体的健康有双重作用，早在春秋战国时代，就谈到"夫道者，上知天文，下知地理，中知人事，可以长久"（《黄帝内经》），指出人要健康长寿，就要有知晓并应用天文、地理、人事的文化；东汉张仲景的《伤寒论》也提出"人禀五常，以有五藏"，强调"五常"既"仁义礼智信"五德对人五藏的长养作用；唐代孙思邈《千金方》进一步指出"故体有可愈之疾，天有可赈之灾，圣人和以至德，辅以人事"……无一不指出圣贤道德文化对社会的稳定和身体的健康有双重作用，重视并强调"天、地、人"整体观和辩证观；从宜居环境上、从文化上塑造理想的老龄社会，从而建立起"贵生思想"和康乐环境、健康习惯，人与己、人与自然、人与人、人与信仰，顺随中道、和谐圆融内化为价值取向，外化为行动[①]。

进入新时代，从文化上引领人民顺应老龄社会，在老龄社会条件下，不断铸就中华文化的新辉煌。在决胜全面建成小康社会、夺取新时代中国特色社会主义伟大胜利的征程中，满足当下和未来老年人日益增长的美好生活（生态、物质、精神、文化）需要，营造健康、幸福、快乐的享老生活氛围。从养老到享老，必将成为人民对于美好生活的高层次追求，实现这一目标，不仅为中国，也为全球积极老龄化做出贡献。

---

① 王红漫.大国为生之道［M］.北京：人民大学出版社，2016.

目录

第一篇　医养结合模式现状分析和理论研究 ……………………… 1

第一章　前言 ………………………………………… 3
　一、背景与意义 ……………………………………… 3
　二、目标 ……………………………………………… 7
　三、方法与思路 ……………………………………… 8

第二章　国内外现状与概念界定 ………………………… 12
　一、"医养结合"理念下国内养老模式发展现状 ………… 12
　二、"医养结合"理念下国外养老模式发展现状 ………… 23
　三、我国"家庭病床"模式研究现状 …………………… 30
　四、深圳市光明新区"家庭病床"模式概述 …………… 34

第三章　"家庭病床"模式的定量分析结果 ……………… 37
　一、成本—效果分析 ………………………………… 37
　二、成本—效益分析 ………………………………… 45

第四章　"家庭病床"模式的定性分析结果 ……………… 51
　一、优势分析 ………………………………………… 51

二、缺陷与不足 ··· 54

第五章　对策建议··· 57

　　一、优化人事制度，加强资源全面下沉 ··························· 57

　　二、完善行政监管，落实产学研媒联动 ··························· 58

　　三、健全社保制度，护航长期护理保险 ··························· 59

　　四、强化医院联系，促进各级有效沟通 ··························· 62

　　五、构建智慧养老，推行"互联网+大健康" ······················ 62

　　六、更新概念内核，拓展"医养结合"外延 ······················· 63

　　七、正视老龄问题，树立健康养老观念 ··························· 66

　　八、推进医养结合，实现共建共赢共享 ··························· 68

第二篇　观察及走访案例··· 73

案例1　悉心关怀提供医护服务 ····································· 75

案例2　寻找病因实现对症医治 ····································· 76

案例3　定期诊疗有效监测干预 ····································· 77

案例4　及时送医助患转危为安 ····································· 78

案例5　医养并举调整治疗方案 ····································· 79

案例6　科学指导构建宜居环境 ····································· 80

案例7　因地制宜优化服务模式 ····································· 81

第三篇 "医养结合"学术与实践 ... 83

第一章 "医养结合与老龄事业和产业发展"实践报道 ... 85
践行"医养结合与老龄事业和产业发展"四川篇 ... 85
践行"医养结合与老龄事业和产业发展"广东篇 ... 89
践行"医养结合与老龄事业和产业发展"丽水篇 ... 92
践行"医养结合与老龄事业和产业发展"山西篇 ... 98
践行"医养结合与老龄事业和产业发展"黑龙江篇 ... 103
举办"应对高龄化背景下老年人医疗保险培训班" ... 111
践行"医养结合与老龄事业和产业发展"青岛篇 ... 118
践行"医养结合与老龄事业和产业发展"烟台篇 ... 125
践行"医养结合与老龄事业和产业发展"上海篇 ... 137

第二章 "医养结合"学术交流 ... 146
推进医养结合　实现协同共赢 ... 146
促进我国老年人健康养老的建议 ... 149
关于建立国家第六项社会保险（长期护理保险）的建议 ... 152
召开丽水长寿之乡高龄老人医疗保障研讨会 ... 155
国家老年健康专家三次专访丽水市第二人民医院
　　深入调研丽水市医养现状 ... 158
首届"应对高龄化（80岁以上）背景下老年人医疗保险培训班"
　　圆满结束　学员受益颇丰 ... 162

参考文献 ... 168

第一篇

医养结合模式现状分析和理论研究

第一章　前言

一、背景与意义

我国人口老龄化呈现的人口规模大、速度快、高峰持续时间长等特点，对经济社会发展具有全方位和极其深刻的影响。当前我国人口人均预期寿命是76岁，健康的平均预期寿命约为68岁[①]，这其中有8年左右时间老年人将会与疾病相伴。如何保持"健康余命"，成为养老与医疗政策的发展目标之一。

针对我国已进入老龄化加速发展期呈现的人口快速老龄化、少子老龄化、空巢老龄化、未富先老、人口大规模流动，老年人对医疗保健、康复护理等服务的需求日益增加的态势，为实现健康老龄化、理想老龄化，有效解决养老服务供需结构失衡问题，统筹相关医疗、养老资源，提高资源利用效率，推动全面建成小康社会，政府致力于打造健康中国，探索和推广各种医养结合模式，并制定了相应的政策支持。

2013年9月，国务院《关于加快发展养老服务业的若干意见》（国发〔2013〕35号）指出，要"积极推进医疗卫生与养老服务相结合，推动医养融合发展，各地要促进医疗卫生资源进入养老机构、社区和居民家庭"。国务院《关于促进健康服务业发展的若干意见》（国发〔2013〕40号）指出，要"推进医疗机构与养老机构等加强合作。在养老服务中充分融入健康理念，加强医疗卫生服务支撑"。

---

① WHO. World Health Statistics 2018〔EB/OL〕. http://www.who.int/gho/publications/world_health_statistics/2018/en/

2015年11月，国务院办公厅转发了国家卫计委、民政部、发改委、财政部、人社部、住建部等九部委发布的《关于推进医疗卫生与养老服务相结合的指导意见》（国发〔2015〕84号），则提出了医养结合的基本原则、发展目标、重点任务和保障措施，明确了五大重点工作方向，以进一步推进医疗卫生与养老服务相结合：

一是建立健全医疗卫生机构与养老机构合作机制。鼓励养老机构与周边的医疗卫生机构开展多种形式的协议合作。通过建设医疗养老联合体等多种方式，为老年人提供一体化的健康和养老服务。

二是支持养老机构开展医疗服务。养老机构可根据服务需求和自身能力，按相关规定申请开办医疗机构，提高养老机构提供基本医疗服务的能力。

三是推动医疗卫生服务延伸至社区、家庭。推进基层医疗卫生机构和医务人员与社区、居家养老结合，与老年人家庭建立签约服务关系，为老年人提供连续性的健康管理服务和医疗服务。

四是鼓励社会力量兴办医养结合机构。在制定医疗卫生和养老相关规划时，要给社会力量举办医养结合机构留出空间，鼓励有条件的地方提供一站式便捷服务。

五是鼓励医疗卫生机构与养老服务融合发展。统筹医疗卫生与养老服务资源布局，提高综合医院为老年患者服务的能力，提高基层医疗卫生机构康复、护理床位占比，全面落实老年医疗服务优待政策。

2016年12月，国务院办公厅发布了《"十三五"卫生与健康规划》，其中要求：

第一，健全老年健康服务体系。重点发展社区健康养老服务，提高基层医疗卫生机构为居家老年人提供上门服务的能力。所有医疗机构开设为老年人提供挂号、就医等便利服务的绿色通道，加强综合性医院老年病科建设。提高基层医疗卫生机构康复、护理床位占比，鼓励其根据服务需求增设老年养护、安宁疗护病床。完善治疗—康复—长期护理服务链，发展和加强康复、老年病、长期护理、慢性病管理、安宁疗护等接续性医疗机构。

第二，推动医疗卫生与养老服务融合发展。统筹医疗卫生与养老服务资源，创新健康养老服务模式，建立健全医疗机构与养老机构之间的业务协作机制。鼓励二级以上综合性医院与养老机构开展对口支援、合作共建。推动二级以上综合性医院与老年护理院、康复疗养机构、养老机构内设医疗机构等之间的转诊与合作。支持养老机构按规定开办医疗机构，开展老年病、康复、护理、中医和安宁疗护等服务。推动中医药与养老结合，充分发挥中医药在养生保健和疾病康复领域优势。

党的十九大报告中进一步明确提出"积极应对人口老龄化，构建养老、孝老、敬老政策体系和社会环境，推进医养结合，加快老龄事业和产业发展"。作为"实施健康中国战略"的组成部分，把医养结合上升到了国家战略的高度。

据统计[1]，养老机构中能提供医疗支持的不足20%，往往只能提供基本的日常照护，综合大型医院注重常规医疗，涉足老年医疗的医院较少，致使部分患病老人成为医院的常住户，老年人专业医疗需求缺口极大，探索医养结合的养老服务模式就显得极为必要。同时，在养老模式构建同时，要全面考虑各方面因素，以老年人口需求为导向，建立健全老年人入住养老机构评估制度，探寻具有中国特色的"医养结合"养老体系，积极发挥社会力量在养老事业当中的作用，并有效实现养老资源供给侧改革是非常必要的，这对提升我国养老服务水平、进一步优化我国公共服务能力、缓解政府财政负担，都具有十分重要的现实意义。医养结合养老体系的构建，不仅仅是对现有养老资源的功能性调整和优化，而是基于目前我国老龄人口实际养老需求，从"保供方"的传统养老服务供给模式转变为"保需方"的新型养老服务供给模式。

大力推进老年健康为中心的研究需要构建合理的养老模式，并动员

---

[1] 张华，吴利平，王晓明，等.中国老年医学发展与老年医学教育的思考[J].中国高等医学教育，2014，(8)：24-25.

社会力量参与,构建具有功能意义的社会支持系统。目前,我国老年人口主要面临慢性病罹患、孤独空巢、疾病经济负担过重等问题,而这些问题是影响我国老年人身心健康的重要阻碍。应以老龄人口"经济、生活、医疗、精神"四大需求为出发点,结合我国国情和各地实际需求,探索建立具有地方特色的养老社会支持系统,调动积极力量共同促进老年人生命质量提高和生活水平提升。

国家"十二五"规划中指出,我国养老事业取得了显著的成绩,相关法规政策不断完善,基本养老与基本医疗保障的范围也在不断扩大,以"居家为基础、社区为依托、机构为补充、医养结合"的社会养老服务体系初步建立,老年人生活质量与幸福感显著提升。但是我国养老卫生与健康事业还存在较多问题与不足,高龄老年人口和空巢老年人口不断增多,尤其是农村人口老龄化趋势增强,2017年底,我国60岁及以上老年人2.41亿,占总人口比重17.3%;空巢老人过半,占51.3%,农村占51.7%[1],失能、半失能老年人约4 063万人,占老年人口18.3%[2]。进一步加重了政府财政负担;养老事业发展与养老资源供应存在城乡、区域间不均衡,基层养老服务供给严重不足;养老事业管理体制机制不健全,社会参与度较低,法规政策应用性、针对性、可操作性不强。

2017年是我国健康与卫生事业建设的攻关年,也是我国实现全民健康重要目标的决胜年。从《健康中国2030规划纲要》到《"十三五"健康老龄化规划》(以下简称为《规划》)的发布体现了中央政府对于我国老龄人口卫生与健康事业的高度重视。规划主要制定"社会保障体系""养老服务体系""老年消费市场""老年宜居环境""老年合法权益"等几大方面的目标任务,明确指出要进一步扩大我国养老保险参保率和健康管理率,加强补充医疗保险制度的发展,进一步优化养老服务供给与养老模式构建,重点提升基层养老服务供给水平,加强老年人健康促

---

[1] 国家统计局.2017年国民经济和社会发展统计公报.
[2] 第四次中国城乡老年人生活状况抽样调查.2016:10.

进和疾病预防和老年病相关学科发展，切实提升老年人身体素质和宜居环境的建设。

因此，政府应组织开展相关研究并提出养老模式完善和优化的有效途径，健全稳定可持续的卫生筹资和报销机制，建立多层次覆盖城乡老年人的养老医疗保障制度和健全覆盖所有困难老年人的社会救助制度，扩大养老保险覆盖率。按照《规划》要求，2020年城镇职工和城乡居民基本养老保险参保率达到90%，引进商业保险对老龄人口的支撑保障，并基于互联网技术提出老年人电子健康档案构建体系和老年患者诊疗绿色通道，最终建立更加完善、便捷、有效、科学的社会保障体制。政府高度重视基层养老保障体系建设，加快养老资源的"下沉"，提高基层养老资源的公平性、可及性、可负担性，才能切实保障基层老年人口的健康和社会保障水平。

二、目标

针对老龄化趋势现状，各地政府积极制定应对策略，构建新型养老模式，充分将"医养结合"理念贯彻至养老政策中。目前，"医养结合"下的养老模式普遍以老龄人口前往医疗机构寻求医养服务为主，该种模式对于失能、半失能、失智以及身体活动不便的老年人来说存在较大的困难。针对该种现状，为保障老龄人口医疗服务供给的有效性和可及性，深圳市光明新区开展了"医养结合"模式（"家庭病床"、护理院）对辖区老龄人口提供医养服务，开创了我国居家养老下的新型"医养结合"养老模式。

从表象来看，"医养结合"模式（"家庭病床"、护理院）的开展，极大地便利了老年人的看病就医问题，能够让老年人足不出户即获得与医疗机构同等水平的医疗卫生服务。然而，该种模式的开展是否能够在有效保障老龄人口医养服务供给同时，降低政府医疗卫生投入，提高资源的利用率；是否具有可持续性以及实施效果如何。此外，该种模式又存在哪些缺陷和不足,这些都是"家庭病床"模式亟待进一步探究的重要问题。

"医养结合"模式("家庭病床"、护理院)卫生经济学测算评估,以深圳光明新区"医养结合"模式("家庭病床"、护理院)为研究对象进行具体剖析,通过定性与定量资料搜集方法相结合,对该种模式开展的效果、效益、优劣势进行研究和分析。针对研究结果,结合我国国情提出对策建议,并为其他各地"医养结合"理念下养老模式的构建提供参考。

本书主要结合目前"家庭病床"模式开展现状,分别基于成本—效果分析、成本—效益分析以及深度访谈和参与式观察等方法,对该模式进行卫生经济学评估和讨论,最终提出"家庭病床"模式实施路径的优化建议,并为我国其他各地提供学习样本和决策参考。具体目标如下:

(1)基于成本—效果分析,探究"家庭病床"模式实施以来所产生的经济学效果。

(2)基于成本—效益分析,剖析"家庭病床"模式所产生的相关效益。

(3)基于专家访谈法和参与式观察法进行定性资料采集,针对访谈结果和感性数据进行提炼、归纳,讨论目前该模式实施过程中的优势与不足。结合目前我国医疗卫生事业发展现状以及国家相关政策,提出"家庭病床"模式实施路径的优化建议,同时为我国其他地区提供可资借鉴的样本和决策参考。

三、方法与思路

(一)文献回顾分析

以国内数据库(知网、维普、万方)和国外数据库(Pubmed、Welly、

Web of Science）为原始数据库，广泛查阅医养结合、养老模式等有关专著、博硕士论文、专业杂志期刊、国内国际学术会议等相关文献资料，收集国内外"医养结合"相关理念的发展与变迁，并以英国、美国、日本等发达国家现行"医养结合"模式为分析对象，进行探讨。

（二）定性定量分析法

在定量分析方面，以深圳市光明新区的"家庭病床"模式为研究对象，根据该模式开展前后的成本、支出、服务覆盖范围、服务人次、医护人员配置、住院率等相关指标的变化情况，分别采用成本—效果分析和成本—效益分析，从卫生经济学视角测算该模式产生的经济、社会等方面的实际受益。

在定性分析方面，通过对深圳市光明新区主要领导、家庭医生、老年人及其家属和保姆进行深入访谈，保证访谈数据来源的多样性和全面性，在参与式观察中，了解该模式开展的流程、服务质量、服务模式等方面的关键信息。根据上述研究方法，获得数据进行二次分析，提出该模式下存在的优势和潜在不足。

（三）典型剖析法

为保证项目研究的科学性、可行性以及研究结果的针对性，本次研究调查主要采取典型剖析的方法。以深圳市光明新区为"家庭病床"模式为典型剖析对象，根据定性与定量分析结果，提出该模式所产生的实际受益、优势、不足以及对策建议。

（四）技术路线图

技术路线图如图1-1所示。

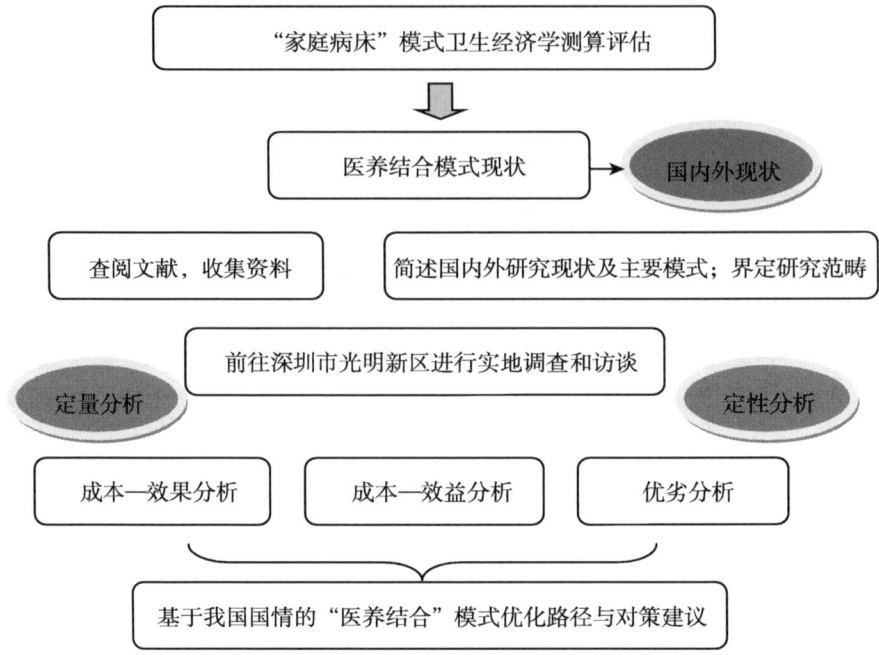

图1-1 研究技术路线

（五）研究假设

课题组提出照护需求生命周期图示（见图1-2）和"家庭病床+护理院"模式常态化目标与意义图示（见图1-3）。

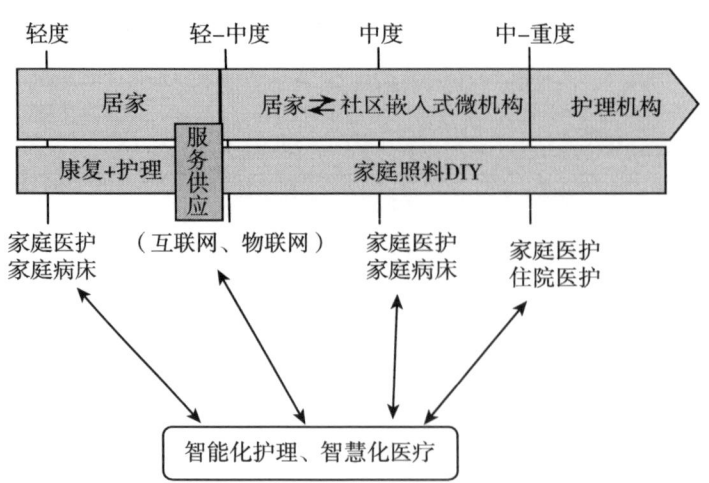

图1-2 照护需求生命周期及其制度设计图示

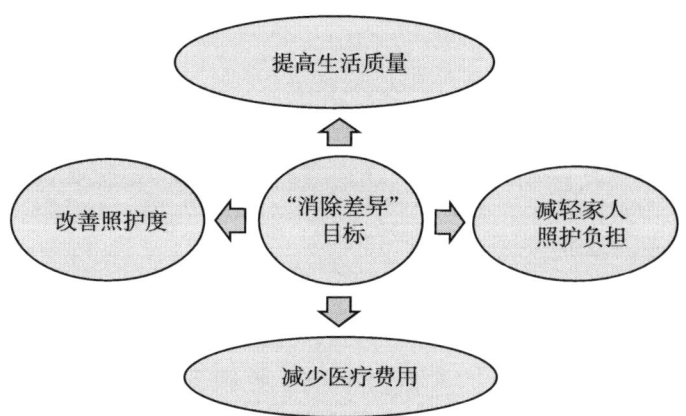

图1-3 "家庭病床+护理院"模式常态化目标与意义图示

第二章　国内外现状与概念界定

一、"医养结合"理念下国内养老模式发展现状

（一）研究现状

从传统发展历程来看，我国养老机构和医疗机构相对独立，养老与就医相分离。机构养老市场覆盖人群存在结构性失衡，我国养老模式中机构养老占据着重要地位，但是存在着较多发展瓶颈，具体表现为：资金短缺、政府支持力度小、专业人员不足、服务管理体系不健全、服务管理水平较低、机构养老缺乏亲情交流，老人多感到孤独无依等方面[①]。社区养老是以居家养老为主，机构养老为辅，在为居家老人提供照料服务方面，又以上门服务为主，托老所服务为辅的整合社会各方面力量的养老模式。我国社区养老的医护水平普遍较低，人力资源匮乏，具体表现为：服务种类单一、服务机制不健全、服务人员队伍规模小、服务资金来源不足[②③]。家庭养老能够给予老年人较大的精神慰藉和归属感，但是人口老龄化与社会经济发展水平不对称、赡养压力过大、人口流动促使"空巢老人"现象普遍化等问题，使得家庭养老模式难以真正有效实现[④]。

自2016年先后确立了两批共90家国家级医养结合试点单位以来，各地积极探索，形成了许多的创新模式，"医养结合"的模式大致分为六

---

① 吴玲芳，姜婷娜，卢慧. 机构养老的发展现状及困境分析——以南京市为例[J]. 科教导刊，2016，(33)：191-192.
② 陈溢依. 家庭养老、社区养老和机构养老的比较分析[J]. 中国管理信息化，2016，19(10)：207.
③ 陈唯豪. 中国社区养老的可行性分析[J]. 学理论，2015，(1)：94-96.
④ 戴卫东. 家庭养老的可持续性分析[J]. 现代经济探讨，2010，(2)：22-26.

种：养嵌入医、医嵌入养、医养协作（通道）、医养联体、医养融合（一体）、虚拟医养（平台）；实现模式：双向转诊、绿色通道、远程医疗/看护、移动服务车。"医养结合"模式将医疗资源融入养老服务之中，省去了中间环节，大大节省了照料成本和医疗开支。从内涵上说，"医养结合"超越了传统理念中只强调提供养老服务的单一模式，更加注重养老中融入健康理念，养老服务与医疗服务的融合，满足了老年人群的特殊需求，提高了老年人生活质量。作为社会养老的一种创新模式，医养结合模式应该成为发展中国特色养老事业的必然选择。

针对目前我国老龄化趋势愈演愈烈以及养老管理体系的现状和潜在问题，一些学者提出，在社区养老管理体系构建中融入智能养老的创新思路。潘峰建议通过引入"互联网+"的形式，一方面有效利用志愿者、社区服务等社会资源，另一方面通过信息共享来保障老年人身心健康[1]；一些学者提出构建机构—社区养老模式的初步构想，通过灵活使用民间资本来降低原机构养老的高额费用，同时加大政策宣传，改变老年人的传统养老观念[2]；还有一些学者提出对居家、机构和社区养老三种模式进行两两整合，重新构建机构社区化的社区机构和社区居家两种新型的养老模式[3]。

关于"医养结合"的服务主体，于卫华等[4]认为，医养结合型长期照护的主要机构有护理院、护理型医院、大型综合医院的照护单元、具有双向转诊功能的医疗机构。医养结合型长期照护服务的付费方式有论量计酬法、整体费用组合法、整体费用组合加论量计酬法。肖建伶等[5]在对北京市50家养老院调查了解的基础上指出，利用中西医结合在老年人预防、治疗、康复等环节的有利优势，结合中医治未病的理论，医养结合，

---

[1] 潘峰，宋峰.互联网+社区养老：智能养老新思维[J].学习与实践，2015，(9)：99-105.
[2] 蔡纯琦，林梅.浅议"社区养老"与"机构养老"的结合[J].科技资讯，2013，(13)：229.
[3] 李玉玲.我国居家、社区、机构养老服务融合模式发展研究[J].学术探索，2016，(9)：61-65.
[4] 于卫华，林丹，陈雪羚.医养结合型长期照护的研究现状[J].中国护理管理，2013，13（04）：91-93.
[5] 肖建伶，杨艳旭，钟源，徐榛敏，胡凌娟.北京市养老院发展中西医结合护理模式的探讨——附50家养老院的调查[J].齐齐哈尔医学院学报，2014，35（22）：3351-3353.

完善养老院的护理模式，促进中医药护理，使老年人在养老院中得到更优质的服务，从而愉快地安享晚年。

对于医养结合的服务内容，黄佳豪、孟昉[①]指出"医养结合"服务不仅仅提供日常生活照料、精神慰藉和社会参与，更为重要的是提供预防、保健、治疗、康复、护理和临终关怀等方面的医疗护理服务。丁露露和吴美珍[②]认为还要强调实施个性化服务，通过收集入住老人的基本信息和健康状况，考虑入住老人的自理能力和基本资料的差异以及入住老人自身要求来安排入住的房间和环境布置。按照入住老人自理能力的不同来设置不同等级的护理内容，再按照身体健康状况和病种的不同来制定不同的个性化护理服务流程。

（二）主要模式

1. 上海模式[③]

上海推出的"90%家庭养老，7%社区养老，3%依托机构养老"的"9073"模式，加大了社区养老比例，更注重社区化养老。3%养老机构服务，由政府主导，鼓励社会参与，为高龄、失能老年人提供具有全托生活护理功能的机构养老服务。7%社区养老服务，主要以社区助老服务社、老年人日间服务中心、社区老年人助餐服务点等为服务实体，上门、日间服务为主要形式，生活照料、康复护理、精神慰藉为主要内容。此外，通过增设无障碍设施、老年活动室等具体措施，强化社区适老设施配置；对困难老人家庭的居室改造和对旧小区人行道重建以及加装电梯等来加大旧城区的适老性设施改造，鼓励90%的老年人由家庭自我照顾。

[①] 黄佳豪，孟昉."医养结合"养老模式的必要性、困境与对策[J].中国卫生政策研究，2014，7（06）：63-68.

[②] 丁露露，吴美珍."医养结合"下民营养老机构的医疗个性化服务的研究[J].经营管理者，2015，23：210.

[③] "9073"的上海养老格局．[EB/OL].财经网，[2013-04]. http://money.163.com/13/0410/18/8S4AN36I00253B0H.html.

2. 新疆案例①

新疆医科大学第二附属医院七道湾院区，医养结合中心病区里设有单人间、双人间和多人间。病区根据老年人的生活自理情况划分为生活养护区、老年医疗护理区、老年特殊医疗护理区、重症监护医疗区和安宁疗护病房。通过人性化的科学划分，让老年人可以针对病情的不同得到最有效、最优质的服务。同时，针对一些老人子女工作较忙的情况，医养中心还开设了"无家属陪护病房"，实行"入院有人接、手续有人办、检查有人陪、出院有人送"的全流程护理。

3. 秦淮案例②

江苏省南京市秦淮区卫计局联合区民政局，开启了"预防、养生、医疗、养老"高度融合的健康养老服务体系建设，成立了"秦淮区为老服务医疗联盟"，开通了"社区健康快车"，创新"医养结合"老年人健康服务模式。社区全科团队与辖区养老机构、居家养老中心签订服务协议，开展对接合作，为签约老年人提供"医养结合"医疗卫生"套餐"服务，有效满足失能、半失能等困难老年群体的健康需要。2016年，7家社区卫生服务中心开展了"医养结合"医疗服务规范试点工作，提升了为老年人健康服务的水平。

4. 青岛案例

2016年，青岛市被确定为首批国家级医养结合试点城市，在全国率先实现了医、养、康、护的有效衔接，形成了"医中有养、养中有医、医联结合、养医签约、两院一体、居家巡诊"六种医养结合服务模式，已有167所基层医疗卫生机构开展居家巡诊服务，62家养老机构与医疗机构签订了合作协议。青岛市积极投入资金建设养老机构，创新性建设融合式社区小型养老机构，探索养老新模式。建成的30处融合式社区小

---

① 新疆打造"医养结合"新模式全方位助力老年人健康养老. [EB/OL]. 央广网，[2017-12]. http://china.cnr.cn/ygxw/20171211/t20171211_524057385.shtml.

② 医养结合"秦淮模式"成效引全国关注. [EB/OL]. 南京日报，[2017-12]. http://news.163.com/17/1208/06/D544PUC1000187VI.html.

型养老机构操作灵活、易于管理、功能多元，可满足1 000多名老年人就近入住养老机构的需求，至少为1 200多名社区居家老年人提供便捷、多元的生活照料。青岛市医养结合工作取得了明显成效，六种医养结合类型优化了资源配置，拓展了服务范围，实现了医养结合全覆盖。一方面，满足了不同层次老年人的医疗需求。六种类型2017年上半年共服务老年人130余万人次，做到了无论居家还是在不同机构居住的老年人，都能享受到快捷、有效的医疗服务。另一方面，整合了医疗资源和养老资源，优化资源配置，调动医疗机构充分利用闲置床位资源，实现了转型发展，促进社区定点医疗机构与暂不具备医疗资质的养老服务机构开展协作，推动养老机构转型发展，提高了传统养老服务机构的可持续发展能力。[①]

通过笔者主持的中国卫生经济学会老年健康专业委员会"医养结合体系下的老年养护制度构建研究"的实地调研发现：截止到2018年6月底，青岛全市医中有养机构93个，通过在医疗机构开设养老床位、老年病房、康复病房、临终关怀病房等开展服务；养中有医186个，通过养老机构设置医院、医务室、门诊部开展服务；医联结合141个，通过二级、三级医疗机构与医养结合机构组成医联体开展服务；养医签约39个，通过基层社区卫生服务中心与没有内设医疗机构的小型养老机构签协议开展服务。两院一体5个，通过卫生院与敬老院（养老院）合二为一开展服务；居家诊疗490个，推动医疗服务延伸至社区、家庭，为居家老年人上门提供健康管理和医疗服务。[②]

5. 昆明案例[③]

昆明市成立了市医养结合工作领导小组，副市长担任组长，16个相关部门为成员单位。市政府印发了《昆明市医养结合工作试点实施方案》，确定了"三体一式一型"的"311"工作模式，基于机构、社区、

---

① 医养结合盘活了现有资源"青岛模式"叫响全国.[EB/OL].凤凰网，[2017-09].http://news.ifeng.com/a/20170913/51975885_0.shtml.
② 践行"医养结合与老龄事业和产业发展"青岛篇[EB/OL].中国医院院长，[2018-10].http://www.h-ceo.com/zixun/zhuanlan/2018-10-23/2589.html.
③ 昆明医养结合"311"模式引人注目.[EB/OL].昆明日报，[2017-04].http://www.ynhrss.gov.cn/NewsView.aspx?NewsID=22413&ClassID=369.

居家养老而设计，即：针对机构养老的"医疗机构+养老机构"的共同体工作模式、"医疗机构+养老机构"的协作体工作模式，针对社区养老的"基层医疗机构+社区养老机构+医院"的"1+1+X"联合体工作模式，针对居家养老的"家庭医生团队+居家养老"的嵌入式工作模式。同时，基于产业发展、业态调整、拉动经济的考虑，又提出了"医疗服务+休闲养生+健康养老"的候鸟式复合型工作模式。

6. 四川案例

中共成都市委十二届七次全会上就提出，要坚持"医养结合"，深入实施社区养老院建设三年行动计划，建立多层次、普惠制养老服务体系，让老年人"干干净净活出尊严，舒舒服服活出品质"。

成都市双流华孝颐养居养老院"楼上入住楼下就医"新模式是成都市探索医养结合新模式的一个缩影①，在这所养老院的大楼内，除了单纯的养护机构功能，华孝医院作为专业医疗机构，与养老院同时开放。入住养老院的老人们能够得到最便利最就近的医疗服务，入住和就医，成了楼上楼下的事。

通过笔者主持的中国卫生经济学会老年健康专业委员会"医养结合体系下的老年养护制度构建研究"的实地调研②了解到，成都市第八人民医院（成都市慢性病医院、成都市老年服务示训中心），2014年医院提出"走出去，用医疗资源覆盖社区和养老机构，推进医养融合"的发展思路，在成都市率先搭建"医养联盟"，探索新型"医养结合"模式；2017年医院结合老年人的服务需求，将"医养结合"服务模式进一步升华，在院本部形成了医疗、康复、宁养、照护、疗养、健康管理"六位一体"的新型服务格局，目前已形成以院本部为核心，院外向社区、养老机构、护理院等辐射的立体网状"医养结合"模式，走出了一条"医养结合"

---

① 成都医养结合新模式出台：楼上入住楼下就医[EB/OL]. 四川在线, [2016-10]. http://sichuan.scol.com.cn/cddt/201610/55677834.html.

② 践行"医养结合与老龄事业和产业发展"四川篇[EB/OL]. 中国医院院长, [2018-01]. http://www.h-ceo.com/zixun/chanye/2018-01-26/1885.html.

成都模式的创新之路。这种"医中有养、养中有医"的医养融合方式在地方医院具有重要的现实意义。

7. 丽水案例

通过笔者主持的中国卫生经济学会老年健康专业委员会"医养结合体系下的老年养护制度构建研究"的实地调研[①]发现，丽水市公办民营的怡福家园，由丽水市民政局投资建设，交由浙江省唯康为老服务发展中心经营，设计床位604张，硬件设施齐全，是丽水市目前最为高端的养老院，与丽水市人民医院合作委为入住老人提供必要的医疗服务。

丽水医院成立于1937年9月，其前身为浙江省第一临时辅助医院，2011年成为三级甲等综合性医院，是温州医科大学附属第六医院、丽水学院附属第一医院、丽水市中西医结合学会挂靠单位；医院医联体拥有云和分院、莲都分院、庆元分院、遂昌分院、龙泉分院、丽水市眼耳鼻喉医院、丽水市口腔医院、丽水市市民健康教育学校、司法鉴定所、重症医学研究所、健康管理研究所、畲族医药研究所等多个下属机构；医院在2017年11月18日、19日举行了首届中国整合养生学论坛暨中国寿乡联盟养生医学学术研讨会，会议期间成立了中国医养整合联盟，联盟总部和秘书长单位设立在浙江省丽水市人民医院；联盟成立后，对"医养结合"工作进行了积极的探索。

龙泉市阳光老年福利中心，是集养老养生、活动娱乐、健身康复、休闲居住等多项服务功能于一体的综合性老年人休养场所，设有健康老人休养区、失能老人护理区、失智老人护理区，共有床位610张，目前入住率达95%，为老年人提供了很好的医疗保健、活动娱乐、健身康复、休闲居住等服务，在中国卫生经济学会老年健康专业委员会的建议下，2018年春季与丽水市人民医院龙泉分院医养结合合作已经开展。丽水市人民医院主动为青田和谐之家敬老院提供急救培训、义诊、保健常识讲

---

① 践行"医养结合与老龄事业和产业发展"丽水篇［EB/OL］.中国医院院长，［2018-02］. http://www.h-ceo.com/zixun/chanye/2018-02-26/2034.html.

座等；青田和谐之家敬老院服务对象为无依无靠的孤寡老人、儿童和残疾人，主要有三个方面特色：一是敬老院完全由民间捐资兴办，在院费用全免；二是兴办者热心慈善事业，积极筹措善款，志愿者无私奉献，体现了"以人为本"的理念和人道主义精神；三是敬老院让有劳动能力的老人从事来料加工、种菜、饲养生猪等，既能给老人解闷、活动筋骨，又能增加收入，增强敬老院的"自我造血"功能。

8. 山西案例①

山西省精神卫生中心老年科自2000年成立以来，定位于服务广大老年精神障碍患者，针对高龄失能失智老人提供"诊疗—护理—康复"连续综合性服务和临终关怀服务，目前院内设有40余间病房，拥有80张医疗床位和100张养老床位，已累计接收了4 000多位老人，填补了省内养老机构不接收老年精神障碍患者的空白。

太原市德兰老年养护院作为集医疗、护理、康复于一体的老年服务机构，定位于服务失能、半失能老年人群体，机构内设有100余张床位，其中包括高智能化的多功能护理床位，所有居室都实行全天候数字化技术管理，养护院内不仅设有综合医疗服务区、活动室、图书室，还设有怀旧室、祈祷室、阳光房等特色空间，充分考虑到老年群体的心理需求，体现出人文关怀，截止到2018年5月医保尚未开通，入住率不足30%。

运城市社会福利院老年公寓占地面积15亩，是运城市唯一一所政府批准的、以慢病为主、集颐养、护理、医疗、康复、临终关怀等标准化服务为一体的市级公办养老机构，该院于2013年正式运营，设计床位151张，目前共入住124位老人；祥贤居康复护理院（民建民营）于2016年6月22日正式开业运营，共投资6 000余万元，占地近73亩，护理院床位60张，养老院床位66张；服务对象主要为慢病、失能失智老人，敏锐而及时获得了政府养老补贴和社会慈善转捐赠，是运城市率先开展"医养

---

① 践行"医养结合与老龄事业和产业发展"山西篇［EB/OL］. 中国医院院长，［2018-05］. http://www.h-ceo.com/zixun/zhuanlan/2018-05-14/2300.html.

结合"的医疗机构，是一所集医养护为一体的养老机构，同时与新农合、城镇职工医保对接，医院共有医生6人，康复师5人及护工19人，均经过专业业务培训后持证上岗，为老人提供全方位的生活照料及基础护理。永济市福乐园老年公寓机构资金主要来源为民间投资，占地6 900平方米，其中建筑面积为2 680平方米，管理人员3人，护工共有6人，设计床位181张；目前入住老人118人，最大的已有96岁高龄，其中以农村老人居多，该机构为永济市规模最大的非营利性民办机构，实行服务人员工资改革，将服务项目量化，从而调动人员积极性；曾于2012年全运城市疗养机构评比中获得第二名的成绩。

9. 黑龙江案例[①]

黑龙江省成立了由省长牵头的养老产业体制改革专项小组，对健康老龄化服务进行统筹规划。

黑龙江省的健康老龄化工作在规划布局、资源融合、政策协同、标准管理方面迈出了坚实步伐。从概念性、建设性向系统化、整合型思维转变。黑龙江省卫计委正在筹备组建健康老龄化专家库，逐步形成以医疗为基础、以养老为核心、以科学管理为主导，关注老年人维权、健康教育、健康养生和健康护理以及心理辅导的技术支持体系；黑龙江卫计委与民政厅联合开展养老机构服务质量检查，创建了黑龙江省医养结合培训基地，发挥医养结合专科联盟作用，强化行动学习，拓展医养结合实用人才培养渠道。黑龙江省积极探索不同模式的医养结合服务，如以海员总医院为代表的集医疗护理、康复理疗和生活照料为一体的整合型模式，百草养生院有效发挥中医医院医疗养生供给竞争优势的医院内设养老模式，伊春市、漠河县等地候鸟式旅养结合模式，绥化市青冈县医养联合体服务模式，以及哈尔滨市南岗区利用远程监控等技术手段为居家老人提供的智慧医养结合服务模式。

但是，黑龙江省面临着经济落后、人口出生率低、人口流出严重、

---

① 践行"医养结合与老龄事业和产业发展"黑龙江篇［EB/OL］．中国医院院长，［2018-06］．http：//www.h-ceo.com/zixun/zhuanlan/2018-06-04/2354.html.

社会抚养比和老少比呈增长趋势等问题，医养结合服务实践工作还有瓶颈亟待突破：共性问题公立和民办机构享受补贴政策不均，养老保险筹集难度大，养老护理人员短缺，缺乏基层养老机构服务规范、家庭医生上门服务家庭病床服务规范；哈尔滨市基层卫生服务机构的门诊统筹和养老长护险均未开展，家庭病床未纳入医保项目。"医养结合"服务供给不足与需求挖掘不足并存，中高端市场一床难求和基层机构空置率高并存。

10. 烟台案例[①]

烟台高新区御花园老年公寓在2015年建立，整个公寓采用无障碍设计，3栋护理楼，13栋老年公寓，一期配有老年公寓、蕾娜范颐养院、老年病医院、护理院、老年大学、活动中心等，二期正在申办施工许可，将于年内开工建设。老年公寓重视从细节上为老人的安全把关，每层楼都设置了客梯和担架梯，在室内安装烟感自动报警器，在卫生间里安装报警器，这些细节性的服务都得到入住老人及家属的认可和信任。

德国蕾娜范集团是德国养老、医疗护理行业的领军者之一，在市政府的支持下蕾娜范颐养院落地全体工作人员统一经过德国专业护理经验培训，做到持证上岗，其优质的护理服务、个性化的护理方案和最大限度的自主权让老人满意的同时更让家属放心；蕾娜范颐养院主要定位是收治失能、失智和高龄老人，颐养院将失智友善置于首位，总设计床位180张，其中双人间78间、单人间24间，整幢建筑围绕为失能失智长者提供最大便利而设计，每层均设有护士站和餐厅、理疗室等，房间配备有求助系统、智能马桶、智能床垫等，能够最大程度上方便失能老人居住。

凤凰台医院是中医药文化示范单位，也是滨州医学院和青岛大学第四医学院实践基地，医院设有老年人医养结合病区，有专业护理员24小时陪护，2012年在区卫计局和民政局相关部门支持下设立老年人日间照料中心，首次开展医养结合服务，集医疗、康复、保健为一体的一站式

---

① 践行"医养结合与老龄事业和产业发展"烟台篇［EB/OL］. 中国医院院长，［2018-06］. http://www.h-ceo.com/zixun/zhuanlan/2018-10-30/2597.html.

服务，休闲活动区每年接待老人15 000人次；同年建成数字化预防接种门诊，在康复区，设有残疾人康复中心，提供公益性的康复服务，被授予"定点康复单位"，随着中西医结合理念日益普及；2015年设立国医堂，推广中医药临床应用，此外医院全科医师和护士负责社区卫生服务工作，实行家庭医生分组责任制。

莱州市市立医院和社会福利中心医养结合于2013年正式开展，建筑面积31 640平方米，是在二级医院设立专门医养结合区域，定位与服务失能、半失能以及自理老年人群体；开放养老床位410张，医疗住院床位150张，其中老年病科有41张床，由4个医生负责，病床周转率达半月以上。医院与福利中心合作，构建以养老机构负责老人的传统生活护理为基础，医院提供健康检查、疾病诊治、大病康复等医疗康复的养护中心，通过双向转诊服务，在医院开通绿色通道，对转入的危重老人实行优先入住治疗，病情缓解后转回中心进行康复护理，促进卫生资源共享，为老人提供连续性的医疗服务；这种"医养结合"新模式实现了将养老机构与医院功能相结合，把生活照料和康复关怀融为一体的新型养老服务模式。目前莱州市将中医康复纳入医保，莱州市市立医院康复治疗区运用传统针灸、推拿、理疗等手段基础上结合现代康复理念，采用运动疗法（PT）、作业疗法（OT）以及语言疗法（ST）、心理辅导等手段，在康复领域形成自己特色和优势；莱州市桃园山庄是全国旅居养生养老基地，也是"中国长寿之乡康养示范基地"，有137个房间为旅居养老人群服务，是一所宾馆式、公寓化为特色的民办养老福利机构。

2015年国家卫计委（现国家卫健委）总结我国医养结合的四种模式[①]，分别是养老机构内增设医疗机构、医疗机构内增设养老服务、养老、医疗机构协议合作，实行双向转诊、社区中心提供医疗居家服务。

养老机构内增设医疗机构：对失能（半失能）老人提供专业的医疗照护，对健康状况良好的老人提供全面护理服务。我国目前大多数养老机

---

① 国家卫计委："医养结合"有四种模式［EB/OL］. 中国妇女报，［2015-05］. http://www.cn-healthcare.com/article/20150512/content-473761.html.

构没有医疗资质，而对于养老机构内部增设医疗机构，国家卫计委也制定了养老机构医务室、护理站的基本标准，对设置在养老机构内的医务室、护理站，从人员、房屋、设备、制度等方面作出规定[①]，以保证养老机构医疗功能的完备性。只要有一个医生、一名护士就可以申请医务室，门槛大大降低。还鼓励有条件的养老机构开设老年病医院、专科医院、护理医院、康复医院等专业医疗机构。

医疗机构内增设养老服务：术后老人的护理，避免患者术后"压疮"现象，满足失能（半失能）老人医疗护理需求。现有医院、社区医疗服务中心，只要有条件就可以开办养老服务。结合当前公立医院改革，原来的医疗机构可以转变成康复医院或护理医院，为周围社区提供综合的、连续的养老医疗服务。

养老、医疗机构协议合作，实行双向转诊：该种模式特色在于能够为老年人提供定期体检与及时诊疗，提高老年人突发疾病的就诊率和存活率，以及后期康复护理。免除老年人两地奔波，提高就医效率。这种情况目前比较普遍，很多社区的养老院就建在社区卫生服务中心附近，社区卫生服务中心可以定期上门巡诊，遇到紧急情况社区服务中心也能及时处理，及时转诊。

社区卫生服务中心提供医疗居家服务：社区为老人建立健康档案、定期体检，为老人提供上门医疗、照护等服务。这主要依靠社区卫生服务网络，通过推行家庭医生模式，为社区老人提供上门服务。本书主要针对该种"医养结合"模式进行卫生经济学评估。

二、"医养结合"理念下国外养老模式发展现状

由于历史发展进程不同，国外的研究视角与国内研究存在较大差别：国外发达国家早就出台政策，力图通过整合医疗资源和社会服务资源，

---

① 国家卫生计生委. 医疗机构基本标准（试行）[EB/OL]. http://hospital.hf.cas.cn/hfzl/hfzl_yyxw/hfzl_tztg/201706/W020170616337930798108.pdf.

为失能老人提供综合性、持续性的服务，到如今已经积累了相当的实践成果，基本不存在结构性失衡、医护水平低的问题。从目前国外研究现状和已取得研究成果看，比较典型和具有代表性的研究主要有养老体系研究、机构养老研究以及社区养老研究。

在国外养老体系构建的早期，就已经有学者开始对单一养老模式提出质疑，认为单纯的机构养老，亦或是社区养老对于老年人的健康水平都存在一定消极影响。贝拉（Bela B.）20世纪90年代发表了其通过对印度400名60至80岁的老年人进行问卷调查，发现机构养老的老年人普遍缺乏必要关注，而由此导致的心理问题与老年抑郁，缺乏积极性，兴趣寡淡，对生活缺乏希望等状态密切相关[1]。

因此，一些专家开始提出养老体系的供给侧改革。西村（Nishimura Y.）和及川（Oikawa M.）认为基于养老机构供给侧改革对于养老机构能力提升具有重要意义，同时养老机构人力资源的有效供给也将极大缓解女性的养老负担[2]。另一些专家则积极探寻医养结合的新型养老模式，萨迪克（Sadiq A.）以荷兰养老机构现状为例进行讨论分析，认为医养分开的机构养老模式造成大量的资源浪费，如租金、人力资源等，而医养结合的机构养老模式能够有效控制养老机构的经费支出，从而降低养老成本[3]。

（一）美国养老模式

从针对美国推动"医养结合"相关成果的研究看，鼓励失能老人"医养结合"养老的政策方案上，最著名的当属PACE（Program of All Inclusive Care for the Elderly）计划。PACE主要有以下特点[4]：主要针对的对

---

[1] Bela B. Institutional care of the elderly [J]. The Hastings Center Report, 1994, 24 (5): 14–17.

[2] Nishimura Y, Oikawa M. Effects of Informal Elderly Care on Labor Supply: Exploitation of Government Intervention on the Supply Side of Elderly Care Market [N]. Health Econometrics & Data Group Working Papers, 2017. https://ideas.repec.org/p/yor/hectdg/17-02.html#author.

[3] Sadiq A. Residential care concepts offer a solution for health care institutions [Master Thesis]. Delft University of Technology. Delft, Netherlands, 2016.

[4] Laura R. Gadsby. PACE–Program of All Inclusive Care for the Elderly [J]. Age in Acton.

象是机构养老中的失能、半失能老人,以及55岁以上需要医护服务的社区老人;参与项目的机构必须提供初级保健、诊疗、护理、日常照料等在内的综合性服务;在支付制度方面,以"按人计价"的方式支付给受托机构经费;受托单位必须在按人计费的固定额度下达到一定的服务质量,自行统筹运用,承担财务亏损的风险。平卡(Pinka C.)等对PACE的运行效果进行了评估[①],发现PACE导致在医院住院的老人数量、医院住院时间、养老院住院时间在长期内出现了下降,而在短期内提高了生活质量,照护服务的满意度,以及身体功能状况。与未参加PACE的失能老人相比,参加PACE的失能老人存活时间更长,社区生活的时间也更多。

在美国失能老人护理机构的研究上,LTCH(long-term care hospital)是美国"医养结合"新型护理机构的范例。LTCH在美国出现的时间比较早,指的是为慢性重症病人提供服务的医疗机构,并不纳入Medicare报销范围。MedPAC在其对美国Medicare中的新进展汇总分析的报告中总结了LTCH模式[②]——LTCH是作为急症医疗机构登记注册的,但服务对象却是平均住院时间超过25天的病人,他们通常是从医疗机构转移过来的,可能是患有某种急症,能够在长期的医护下逐渐康复。MedPAC还进一步使用定量的方法进行分析,结果发现LTCH的供给量是其利用程度的显著影响因素,并且与急诊医院(acute hospital)和护理院(skilled nursing home)具有可替代关系。

(二)英国养老模式

英国提出的"整合照料"(integrated care)也是医养结合养老理念的一种体现。亨克(Henk N.)和菲利普(Phillip CB.)指出[③]整合照料的概念是"针对具有相似需求或问题的群体提供、多方位全面的一套计划详细、

---

① PinkaChatterji, Nancy R. Burstein, David Kidder, et al. Evaluation of the Program of All Inclusive Care for the Elderly(PACE)Demonstration The Impact of PACE on Participant Outcomes[R]. Cambridge: Abt Associates Inc., 1998.

② Medicare Payment Advisory Commission. Report to the Congress: New Approaches in Medicare. Washington, DC: MedPAC; 2004. http://www.medpac.gov/documents/june04_entire_report.pdf.

③ Henk N, Phillip CB. Integrating services for older people: A resource book for managers[M]. Dublin: European Health Management Association, 2004.

实施落实的服务和照料",整合性照料应当至少包括以下元素：急症医疗照护、长期照料、社会照顾①、老有所居、交通食宿等服务,其核心思想为医疗体系和社会服务体系的整合。国王基金会(The King's Fund)与纳菲尔德信托(The Nuffeld Trust)作为英国政府的"智库",影响相关法律

---

① 【笔者注】照护、照料、照顾释析据《牛津·外研社英汉汉英词典》,care有如下释义：(1) attention 小心;(2) looking after person, animal 照顾;(3) maintenance (of house, plants) 照管;(4) [Med] [Psych] 护理;(5) protective custody 收养;(6) feeling of worry 忧虑;cause of worry 令人忧虑的事。

照料(care & support)："照料"这个词只具有"care"的若干层意义中的一层,即最强调实务行动性的照料、照看、照顾而基本上没有喜欢、爱、在意、关心等情感意义(田青.老人社区照料服务——基于福利多元主义的比较研究[D].上海：华东师范大学.2010)。对于老年人的照料中,更多的是生活照料,而生活照料指是个人因为年老体弱或其他原因导致身体机能退化,影响日常生活活动,而需要他人为其提供支援,帮助完成相关活动的现象和过程(项盛林.社区照顾模式下空巢老人的生活照料研究——以无锡溪中街道安置小区为例[D].南京：南京农业大学.2014）。

照护(care & nursing)：相对于照料、照顾来说,对于老年人的照护除了包括对于老年人的生活照料之外,更加强调的健康或疾病的护理工作。对于照护概念的界定,可以参考长期照护相关概念。OECD认为,长期照护服务范围包含健康、个人与社会,例如对病人提供的日常行动、生活帮助和医疗服务(OECD. Long-term Care [EB/OL]. http: //www.oecd.org/els/health-systems/long-term-care.htm. 2018.)。从日本长期照护险的内涵中不难发现,其主要是围绕对于老年人的护理进行开展的,长期照护保险覆盖家庭照护服务和机构照护服务。家庭照护服务是以老年人的家为中心向老人提供照护服务,主要包括家庭助手服务、洗澡和如厕服务、护理服务、康复服务和家庭照护管理咨询服务五大类(张小娟,朱坤.日本长期照护政策及对我国的启示[J].中国卫生政策研究,2014,7(04):55-61),机构照护的场所包括：一是护理之家(nursing homes),主要服务于没有严重医疗和精神问题的老年人;二是有技能的护理之家(skilled nursing homes),主要服务于有痴呆和其他慢病的老人(Ozawa M, Nakayama S. Long-term care insurance in Japan [J]. Journal of Aging & Social Policy, 2005, 17(3): 61-84)。国内学者早期认为长期照护是为老年人提供的一系列长期性的(除常规医院短期治疗之外的)卫生服务,包括医疗、护理和生活服务等(张笑天,吕海清,张亚林,蒋安庆.城市老年人长期照护保障体制探讨[J].中国卫生事业管理,1995,(09): 483-485)。

照顾(care)：相对于照料和照护,照顾的概念则更为广泛。辞海中对于照顾的定义是：①照料、看顾、帮助;②注意;③商店中指顾客前来购买的意思。三项释义中,显然第一项比较契合老年人照顾的含义。再从我国学者对于照顾内涵的定义中进一步阐释。蒋岳祥和斯雯将老年人的照顾方式按来源划分为非正式照顾、居家养老和正式照顾三种,其中非正式照顾是指由子女、伴侣、朋友提供的照顾,不需要支付佣金,居家养老是指老年人居住在自己家里,由保姆、钟点工、社区提供的照顾方式,需要支付佣金,正式照顾是指养老院和老年公寓提供的社会照顾,需要支付佣金(蒋岳祥,斯雯.老年人对社会照顾方式偏好的影响因素分析——以浙江省为例[J].人口与经济,2006,(03):8-12)。朱浩则将照顾分为社区照顾、家庭照顾、机构照顾。从上述学者对于照顾内涵与方式的界定可以看出,照顾所涵盖的范围比较广,包括老年人日常生活起居、医疗护理、陪伴看护等多方面内容(朱浩.西方发达国家老年人家庭照顾者政策支持的经验及对中国的启示[J].社会保障研究,2014,(04): 106-112)。

法规与卫生政策的制定。①

关于整合照料政策落实情况，Leichsenring K.和Alaszewski AM.整理了欧盟九国整合照料各个领域的落实情况②，其中横向整合是实践最为广泛的观念。而在政策效果方面，卡罗琳（Caroline G.）以英国2002年所实施的两项推动整合性照料的政策为例进行了分析③，一项是在家庭医生和社区医疗机构之间展开；一项在医疗机构和社会服务部门间展开。研究发现，这种结构性的整合能够有效地将分割、破碎的体系转变成一个具有示范效应的服务规划和供给系统，但是，这种整合还面临多方难题，例如：不同专业、权利、身份领域和阶层之间的整合存在相当难度。但也有学者提出反对意见，如柯尔斯坦（Kirstein R.）在其2009年发表的文章④中指出，医疗和社会服务系统的整合政策即使在最好的情况下也仅仅是不对使用者参与和结果没有影响，在最坏的情况下甚至会产生负面影响。

（三）德国的养老模式⑤

德国2013年65岁以上人口占到总人口的21%，预测2030年将到达26%。德国是世界上最早开始建立公共养老体系的国家，1889年，德国首相俾斯麦领导下的德意志帝国政府颁布了《伤残及养老保险法》，标志着德国养老保障体系的构建⑥。主要养老模式包括：居家养老、机构养老、专家照料院及老年照护院等。残疾人、老年痴呆、肿瘤晚期、精神病患

---

① Nick G. Integrating care for patients and populations: developing a national strategy for integrated health and social care in England [EB/OL]. http://www.ijic.org

② Leichsenring K, Alaszewski AM. Providing integrated health and social care for older persons [M]. A European overview of issues at stake. Aldershot: Ashgate, 2004.

③ Caroline Glendinning. Breaking down barriers: integrating health and care services for older people in England [J]. Health Policy, 2003, 65: 139-151.

④ Kirstein Rummy. Health partnerships, health citizens? An international review of partnerships in health and social care and patient/user outcomes [J]. Social Science and Medicine, 2009, (69): 1798-1804.

⑤ 宋群，焦学利.德国养老护理服务业发展经验借鉴 [J].全球化，2016, (12): 33-43+132.

⑥ 李闪闪.德国养老保障制度研究 [D].华东师范大学，2011: 9.

者、脑损伤生活不能自理的老年人是在专家照料院接受服务。居家养老包括上门护理、日间照料和监护式公寓；机构养老是指提供一般医疗、护理和照顾的养老院；专家照料院由专业人员为失能、半失能老年人提供服务；老年照护院为65周岁需要进行康复治疗的老年人提供服务。其主要特点是鼓励居家养老，形成了"以居家养老为主体，依托社会服务，机构养老为支撑"的长期照护原则。

在提供服务方面，设有专门的老年护理培训学校，为失能老年人培养专门的医护人员，形成老年护理专科。养老机构里的一般助理护士只协助专业医护人员对老年人进行护理，不能单独执业；院长必须由受过高等护理教育和管理专业训练的人担任。在养老方面，通常为社区型养老，除了有专门的老年公寓外，还设有老年人村，有自己的独处空间，生活在群居的大家庭中。通过在住宅区内建立"社区服务网络"，随时为老年人提供家政服务、医护服务和其他社会服务等。

（四）日本的长期介护保险制度

日本于1988年创立了第一个类似于医养结合的机构——"老人保健机构"，其采取的是老人医院和特别养护老人院的中间机构形式。1900年，日本将原老人医院改制为"强化护理医院"，并要求其配置康复设备和适量护理人才，从而与一般性急诊病医院区分开来[1]。1962年，日本创设家庭养老模式；1963年，日本制定老年人福利法；2000年，介护保险法实施[2][3]，相关医养结合机构被纳入其中进行集中管理。自此，"长期介护保险"日益进入学者视野，学界对"长期介护保险"是什么以及日本长期介护保险制度是否有效的问题进行了探讨。

---

[1] 赵林，[日]多田罗浩三，桂世勋（主编）.日本如何应对超高龄社会——医疗保健、社会保障对策[M].北京：知识产权出版社，2014.

[2] 厚生劳动省.介护保险制度概要[EB/OL].（2018）.https://www.mhlw.go.jp/content/0000213177.pdf

[3] 厚生労働省.介護·高齢者福祉[EB/OL].https://www.mhlw.go.jp/stf/seisakunitsuite/bunya/hukushi_kaigo/kaigo_koureisha/index.html

大多数研究认为,"长期介护保险"是为保障"介助"和"介护"老年人健康养老而提供的一种保险,其宗旨主要是解决此类老年人的医疗服务和日常护理需求。学界对其较为典型的定义有以下两种。琼斯(Jones)[1]认为:"长期介护保险是为那些由于衰老或意外因素造成失能或半失能的被保险人提供在家(Care at Home)或护理机构(Nursing Facility)医疗卫生护理及其他服务的补偿性保险,旨在减轻被保险者的经济负担"。而布莱克(Black)等认为[2],长期介护保险是帮助住在疗养院(Nursing Home)或享受居家护理服务的被保险者支付医疗康复和日常照料费用的一种保险。

随着日本长期介护保险制度不断发展,学界运用经济学理论和数据统计分析、模型构建等方法对其发展现状、存在问题及改革方向作了系统性概述研究,并重点分析了日本长期介护保险的供需问题及对未来社区介护制度的构想。从经济学角度看,长期介护保险存在逆选择风险和道德风险,具有"挤出效应"[3]。迈耶(Meier)[4]通过运用数据模型分析发现,为减少预期收入损失,人们更愿意在临近退休时购买长期介护保险。Anonymous[5]指出,长期介护保险可从商业角度探求产品的开发和销售策略,以解决其资金的可持续性问题。韦杰(Wager R.)等[6]指出,目前长期介护保险服务在人群中存在负面印象,需要提升安养院的服务质量。

---

[1] Jones, etc. Principles of insurance: life, health, and annuities [M].Life Office Management Association,1997.

[2] Black, etc. Life insurance [J].Prentice-Hall, Inc.1994(3): 16-37.

[3] Sloan F A, Norton E C. Adverse selection, bequests, crowding out, and private demand for insurance: evidence from the long-term care insurance market [J].Journal of Risk and Uncertainty, 1997(3): 201-219.

[4] MEIER. Why the young do not buy long-term care insurance [J].Journal of Risk and Uncertainty, 1999(1): 83-98.

[5] Anonymous. Cautious optimism for long-term care insurance sales [J].Journal of Financial Planning,2002(4): 19-37.

[6] Wager Richard, WilliamCreelman.A new image for long-term care [J].Healthcare Financial Management,2004(4): 70-74.

Ohwa等[①]通过分析相关数据发现，日本长期介护保险存在供需不匹配的问题。Shimizutani[②]探讨了日本长期介护保险制度的未来改革趋势，运用JSTAR（The Japanese Study on Ageing and Retirement）所提供的数据，对长期介护保险投入成本、激励机制等进行了微观角度研究。Shirasawa[③]指出，资金不足和护理人才缺乏是日本长期介护保险制度面临的两大最严重问题，并建议政府推动社区介护制度建设。

发达国家在老人养老实践上已经相对成熟，其实践和研究成果都有参考价值：发达国家社会养老服务体系改革中的重点是服务整合，以减少不必要的机构养老，使养老尽可能地回归社区和家庭。无论是美国的PACE还是LTCH计划，亦或以英国为典型的在医疗机构和社会服务部门之间展开的整合照料，亦或是德国"以居家养老为主体，依托社会服务，机构养老为支撑"的长期照护原则，都可以看出社区和家庭为中心，辅以机构养老是保障老人老年生活的重要方式，但其功能定位已经实现向"医护型"的转变，或从生活照料拓展到具备医疗功能，或与医疗机构强化合作。

三、我国"家庭病床"模式研究现状

我国"家庭病床"兴起于20世纪50年代，是以家庭作为医疗护理场所，让病人在熟悉的环境中接受医疗护理，为居家老年人和慢性病患者提供贴心、便捷的医疗护理服务。关于"家庭病床"的研究主要开始于90年代。研究主要集中在"家庭病床"的开展形式及服务范畴、"家庭病床"的作用、"家庭病床"服务的意愿和需求、"家庭病床"与住院的对比、"家庭病床"存在的问题及建议等方面。

---

① Mie Ohwa, Li-Mei Chen. Balancing long-term care in Japan [J]. Journal of Gerontological Social Work, 2012（7）：659-672.

② Satoshi Shimizutani.The future of long-term care in Japan [J]. Asia-Pacific Review, 2014（1）：88-119.

③ Masakazu Shirasawa. Current situation and issues of the long-term care insurance system in Japan [J]. Journal of Asian Public Policy, 2015（2）：230-242.

国内"家庭病床"有三种形式①：

一是由二级、三级医院设立"家庭病床"科，依托大医院高水平的诊疗技术和先进的设备开展服务。

二是由一级医院或社区卫生服务机构与二级、三级医院合作开展，并建立会诊和双向转诊制度。

三是由民营医院或私立诊所机构开展此项服务。

"家庭病床"的服务范畴目前以医疗为主，包括定期上门观察诊治、送药、肌肉注射、静脉输液、针灸按摩、外科换药、雾化吸入、治疗性灌肠、测血糖、心电图检查等。②

国内"家庭病床"收治对象一般包括：（1）老年病、常见病、多发病及病情适合在家中治疗的患者（如脑血管意外）；（2）病情较严重但是尚不必住院的患者；（3）应当住院但是由于某种原因未能住院的，如经济困难、住院困难的患者；（4）出院后恢复期仍需继续治疗的患者；（5）晚期肿瘤需要减轻疼痛和支持治疗患者；（6）一切适合在家中治疗的慢性疾病患者，如糖尿病③。

一些学者认为，"家庭病床"有利于合理分配医疗资源，能有效缓解群众"看病难、住院贵"问题④；"家庭病床"走出医院，服务于家庭，解决了很多病人不便就医的困境⑤；"家庭病床"能使患者在不必改变自己的生活环境及生活习惯的条件下就可以获得良好的治疗和护理，与家庭和社会生活保持密切联系，防止了社会功能的衰退又促进了患者的康复⑥；提高患者生活质量和生存时间，家庭式环境可降低患者的医疗费用⑦；既减少家庭经济负担，又减少家人奔波医院之苦，深受患者及家属赞誉及

---

① 李士雪.家庭病床是社区卫生服务的一项重要形式［J］.实用全科医学.2004，2.
② 鲍勇.规范家庭病床管理，发展社区卫生服务［J］.江苏卫生保健.2001，3.
③ 高芹.家庭病床与社区护理.现代医药卫生［J］.2005，21.
④ 吕强.设置家庭病床的必要性与现状［J］.社区医学杂志.2012，9.
⑤ 曹爱召.家庭病床的建立与人性化管理［J］.家庭护理.2007，5.
⑥ 肖清秀，蔡蔚，桑秀艳.家庭病床的服务方式及需求分析［J］.社区医学杂志.2004，2.
⑦ 建风，予卫华.城市社区老年慢性疾病家庭护理干预模式［J］.护理研究.2001，15.

社会认可；能扩展护理服务领域，提升护理专业的发展。通过以护理为主导的工作方式，提高护理人员的成就感，肯定护理人员的专业形象，走向护理企业化的经营；能提升患者及家属对医疗机构服务的满意度，缩短患者的住院时间，使医院病床周转率得到提高，解决了医院床位紧张的问题，提高了医院影响力和知名度。[①]

就我国老年人口的健康状况看，老年患者的家庭护理需求普遍存在[②]。随着我国人口老龄化趋势的增长，家庭结构的特点和老年人的生理特征均表明需要加快"家庭病床"护理的发展。另外，对在稳定状态的残疾人、患有心身障碍者、长期卧床的慢性病、康复期、冠心病或糖尿病等慢性病患者也需要家庭护理[③]。李林等[④]从天津市居民对"家庭病床"知晓度及意愿性调查，得出71.7%的居民都愿意接受"家庭病床"服务，通过多因素非条件logistic回归分析，影响需要意愿的有家庭月人均收入、就医过程中是否感到困难、是否接受过"家庭病床"服务。吕桦等[⑤]对安徽省60岁以上老年人家庭医疗需求及影响因素调查结果显示，安徽省城乡约有6%的老人希望设立"家庭病床"，这些老人多是高龄、患多种慢性病、日常生活能力低下，但收入稳定、有支付能力的病人；年龄、收入、患病数量及日常生活自理能力是老年人家庭医疗服务需求的主要危险因素。

"家庭病床"与住院的比较研究一直是学者关注的焦点，分析两者的优势及不足。杨晓虹通过对成都市207例住院病例和230例"家庭病床"病例进行统计分析，得出"家庭病床"在医疗费用节省方面优于住院病床，"家庭病床"病人在一二级医疗机构诊治其自付费用低于三级医

---

① 陈静敏，萧仔伶，菌道芳，等.社区卫生护理学[J].北京：科学技术文献出版社.1999.
② 春秀，贺润莲，景洁.老年人健康及其护理进展[J].护理研究.2006, 20.
③ 弓玉红.21世纪护理健康教育发展趋势[J].护理研究.2004, 18.
④ 李林，芦文丽，王媛，等.天津市社区居民对家庭病床知晓度及意愿性调查[J].中国全科医学.2014, 17.
⑤ 吕桦等.安徽省60岁以上老年人的家庭医疗需求及影响因素分析[J].中国公共卫生.2001, 17.

疗机构①。蒋虹丽等通过文献检索与二次分析的方法②从患者（死亡率、复诊率、满意度）、服务提供者（工作负担、满意度）、卫生资源利用及成本（住院时间、服务总时间包括住院和"家庭病床"时间、成本）三个方面对"家庭病床"和住院治疗的产出结果进行评价，认为"家庭病床"患者的满意度高于住院治疗患者，但"家庭病床"服务提供者的工作负担高于住院治疗提供者；指出目前尚缺少足够证据证明"家庭病床"服务的成本较低。

王晓燕发现"家庭病床"在实施过程中存在许多问题，在预防、康复、保健、宣教等方面尚未全面开展③。张艺潆认为社区卫生服务机构的医疗风险及社区"家庭病床"的队伍建设急需关注④。赖秀娟采用SWOT分析方法，分析开展"家庭病床"存在的优势、劣势、机遇和挑战，发现影响"家庭病床"开展的主要因素为"家庭病床"的医护人员数量不足且报酬低、准入门槛高、信息化建设落后等，建议完善相关的法律法规和操作规范，加大对"家庭病床"的扶持力度，动员社会力量积极参与，并加强医疗卫生机构信息化建设⑤。熊秀清认为当前我国护理服务内容单一，与卫生服务需求不相适应；社会对护理工作的理解和信任度不高；护理人员缺乏全科知识培训；相关政策不到位；设备条件及家庭环境等诸多因素的限制；"家庭病床"护理工作量大，经济效益却不高；缺乏宏观调控及有效的管理机制⑥。李林认为应强政府政策指导，提高社会各界的认知度⑦。

从目前我国"家庭病床"的相关研究不难看出，学者普遍认为："家庭病床"护理是目前社区卫生服务的最佳形式，符合患者及家属的需求，

---

① 杨晓虹.家庭病床与住院病床医疗费用差异比较［J］.现代预防医学.2004，5.
② 蒋虹丽，李程跃，陈文.家庭病床与住院治疗［J］.中国循证医学杂志.2010，10.
③ 王晓燕.社区家庭病床患者输液护理体会［J］.护士进修杂志.2010，12.
④ 张艺潆.我国家庭病床的发展状况及对策探讨［J］.黑龙江医药科学.2009，9.
⑤ 赖秀娟，等.家庭病床服务开展的SWOT分析［J］.中国卫生事业管理.2016，10.
⑥ 熊秀清.家庭病床护理状况的调查研究［J］.护理实践与研究.2010，7.
⑦ 李林，王媛.社区医院开展家庭病床的SWOT分析与对策研究［J］.中国全科医学，2013，13.

有着广阔的发展前景；但目前我国"家庭病床"护理还存在一些制约自身发展的问题，其系统性和规范性还处于摸索阶段。国内关于"家庭病床"的研究还停留在现象的描述和表面的研究，多集中在对"家庭病床"开展现状及发展对策的分析，缺少"以需求为导向"从患者角度对"家庭病床"需求进行深入的探讨，对"家庭病床"的意愿与需求之间的差异以及不同地区"家庭病床"的发展差异的研究较为缺乏，"家庭病床"护理开展下的卫生经济学探究缺乏深度和广度，地区社会经济发展状况及地方政府的重视及投入对"家庭病床"的发展状况的影响也欠缺深入挖掘。

四、深圳市光明新区"家庭病床"模式概述

（一）"家庭病床"模式的概念界定

"家庭病床"是社区卫生服务的一种形式，以家庭作为护理场所，选择适宜在家庭环境下进行医疗或康复的病种，综合考量患者身体状况和实际健康需求，让患者在熟悉的环境中接受医疗和护理，包括疾病普查、健康教育与咨询，预防和控制疾病的发生发展[①]。"家庭病床"经过几十年的发展，在美国、英国、法国等很多国家已经成为社区卫生服务的主要形式。

本书旨在探究深圳市光明新区针对老龄人口构建的"医养结合"下"家庭病床"模式的开展现状。其中，"家庭病床"服务是指对需要连续治疗，又需依靠医护人员上门服务的患者，在其家中设立病床，由指定医护人员定期查床、治疗、护理，并在特定病历上记录服务过程的一种社区卫生服务形式。光明社康中心主要通过租用小型电动车为建床患者提供上门巡诊服务。目前，光明新区"家庭病床"服务的一个周期为两个月。深圳光明新区2014年启动时维持经费为167万，2015年以后按

---

① 李林,王媛,王卫,等.社区医院开展家庭病床的SWOT分析与对策研究[J].中国全科医学,2013,16.

3 000元/床标准补贴，此外，医院再单独给予800元/床补助。

深圳市光明新区家庭医生交通工具与办公掠影

（二）"家庭病床"模式的流程梳理

"家庭病床"建床流程：首先由患者或家属向所在社康中心提交建床申请表，再由社康中心对提交申请的患者进行家庭评估，包括患者的居住环境、身体状况、病情等方面，许可后将该申请提交至家床科，家床科审核后，提交社保管理部门批准，社保批准后，发起申请的患者或家属需交押金2 000元、建床费100元并签知情同意书，家庭医生与患者协商定期巡诊的时间，协商达成共识后开展上门服务，每次巡诊收费为77元，家庭医生上门巡诊以及相关医药费均依照医疗保险住院报销比例进行报销，在每个服务周期结束后撤床，并结算费用。

评估标准：目前，深圳符合建立"家庭病床"患者必须满足的条件（必须符合（1）和（2）以及（3）中的至少一条）：

（1）长期卧床，生活不能自理。

（2）病情符合住院条件符合住院条件，需要医护人员定期上门实施治疗，有近两年来一级医院以上的住院或门诊诊疗记录。

（3）以下条件中至少具备一条：因原有疾病病情加重；气管插管、鼻饲或持续导尿，需定期进行医疗护理；合并褥疮；反复呼吸、泌尿、消化等系统感染；糖尿病合并肢端坏疽；恶性肿瘤晚期；骨折牵引固定需卧床治疗患者；其他严重并发症。

（三）"家庭病床"模式的流程图

"家庭病床"模式流程如图2-1所示。

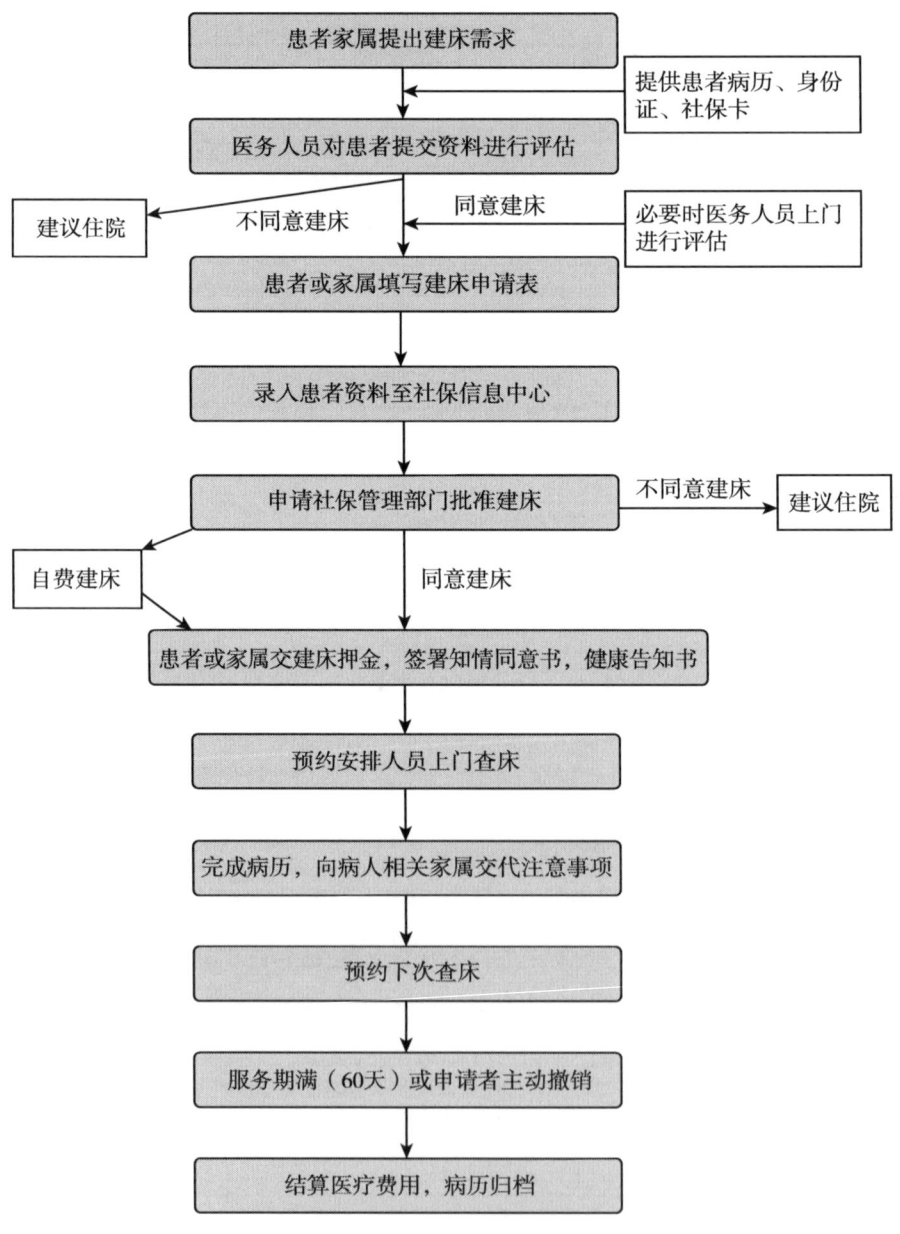

图2-1 家庭病床建床流程

第三章 "家庭病床"模式的定量分析结果

为了更深入地了解"家庭病床"模式的社会经济效益以及优势和不足,课题组于2018年1月至11月对深圳市光明社区健康服务中心开展"家庭病床"模式的实地参与性观察,前往10余户家庭进行跟踪走访,与主管领导进行座谈,从当地医院管理中心获得相关原始数据,将定性分析与定量分析相结合,从卫生经济学视角对该种模式进行深究和剖析。

一、成本—效果分析

成本—效果分析(Cost-Effectiveness Analysis,CEA)是以特定的目的为衡量指标,计算不同方案的每单位治疗效果所用的成本,从而进行不同方案之间的权衡和选择。在该模式的成本—效果分析中,主要从诊疗成本、医院成本、政府投资成本三个方面进行测算。

(一)诊疗成本

就诊疗成本看,相比传统坐诊模式,"家庭病床"模式的区别在于由患者提出上门就诊服务需求后,通过审批,建立家庭诊疗新模式。该种模式在诊疗手段、诊疗方式以及具体的诊疗效果(指疾病本身诊疗的效果)都不存在较大差异。主要差异在于诊疗的模式方面。因此,"家庭病床"模式较传统坐诊模式的诊疗成本,增加的是外出上门看诊医护人员待遇和产生的相关间接费用。

家庭医生开展上门服务与其在医疗机构内所提供服务的区别仅限于是否"上门"这一流程。根据深圳市医疗服务价格制度,具体诊疗项目均有明确收费价格，上门服务并未增加或减少医疗材料、药品、设备使用、废弃物处理等成本，因而本书只将上门服务这一流程中所耗费的人力、交通成本分别纳为人力成本核算模块、交通成本核算模块，而不计其他。

1. 人力成本核算

人力成本核算模块核算内容包括：岗位工资、薪级工资、绩效工资、岗位津贴、公积金、养老金、医保金、失业金及福利费等，所需数据来自社区健康服务中心现有基础资料。根据中心工作人员前期进行的焦点观察数据计算，目前光明社康中心的服务人力资源配备以及服务时长依实际服务项目的变化而改变。进一步对不同服务项目的实际情况进行观察和测算，得到表3-1。目前，由于光明社康中心"家庭病床"模式的人力资源有限，因此，秉承"合理、高效"利用有限资源的原则，针对不同服务项目的需求，安排医护人员上门进行医疗卫生与康复服务。

表3-1　家庭医生上门服务项目单位人数与时间成本测算结果

服务项目名称	上门人员	单位	平均每单位服务参加人员数（个）	平均每单位服务时间（分钟）
上门诊疗	医生	人次	1.63	39.06
上门急救	医生	人次	1.59	51.30
上门（家庭）护理	护士	人次	1.31	40.66
上门配药送药	护士	人次	1.11	22.03
上门残疾者功能康复	康复师	人次	1.39	52.50
上门急性伤病术后康复	康复师	人次	1.41	36.34
上门慢性病患者康复理疗	康复师	人次	1.32	49.69
上门注射	护士	人次	1.00	13.50

单位时间人力成本与标准人力成本，单位时间人力成本＝月平均工资/月平均工时，服务项目标准人力成本＝单位时间人力成本×平均每

单位服务参加人员数×平均每单位服务时间。从光明社区健康服务中心的人事部门获得所有社区健康服务中心上门服务的在编与非在编的医师、护士、康复师的工资收入、休假数据，通过计算不同职称医务人员从2014年开展"家庭病床"模式以来薪酬待遇水平的变化，观察人力成本的增长情况。从家庭医生2014~2017年人均年收入水平的变化情况来看（表3-2），在编人员中，医师薪酬增长率为27.5%，护士薪酬增长率为18.4%，康复师薪酬增长率为18.5%；非在编人员中，医师薪酬增长率为39.9%，护士薪酬增长率为34.0%，康复师薪酬增长率为32.7%。

表3-2　　深圳市社区健康机构家庭医生团队人员年平均收入　　（单位：元/年）

岗位	2014年		2015年		2016年		2017年	
	在编	非在编	在编	非在编	在编	非在编	在编	非在编
医师								
初级	183 638	107 555	203 663	124 654	223 688	141 752	245 652	158 825
中级	215 983	126 499	239 092	138 446	262 202	150 392	286 541	170 032
高级	267 670	156 772	279 198	178 474	290 727	200 176	310 358	215 584
护士								
初级	154 192	68 360	162 348	91 911	180 504	105 462	198 862	110 364
中级	218 598	135 941	227 143	133 666	235 688	139 392	240 508	146 530
高级	239 918	149 199	252 698	167 305	265 478	185 410	278 991	197 986
康复师								
初级	145 445	68 786	173 716	88 310	181 986	107 833	205 615	112 566
中级	225 847	130 014	230 773	137 899	235 698	145 784	248 104	140 538
高级	275 469	156 878	272 677	173 550	289 885	190 221	286 994	198 276

根据医师、护士、康复师的2014~2017年平均收入水平变化，综合在编和非在编人员，计算出不同职称的医务人员每人每分钟的工作成本，从2017年家庭医生团队的单位时间人力成本情况看（表3-3）——在编人员中，医师平均为2.22元/分钟，护士1.89元/分钟，康复师1.95元/分钟；非在编人员中，医师为1.43元/分钟，护士1.20元/分钟，康复师1.19元/分钟。初级岗位中，医师平均收入水平高于护士与康复师，在编人员高于

非在编人员，整体呈增长趋势；中级岗位中，医师同样高于护士与康复师，在编人员同样高于非在编人员，整体亦呈增长趋势；高级岗位同初级、中级岗位。

表3-3　　　　深圳市社区健康机构家庭医生
团队人员单位时间人力成本　　　（单位：元/分钟）

岗位		2014年		2015年		2016年		2017年	
		在编	非在编	在编	非在编	在编	非在编	在编	非在编
医师									
	初级	1.45	0.85	1.61	0.98	1.77	1.12	1.94	1.25
	中级	1.70	1.00	1.89	1.09	2.07	1.19	2.26	1.34
	高级	2.11	1.24	2.20	1.41	2.29	1.58	2.45	1.70
护士									
	初级	1.22	0.54	1.28	0.73	1.42	0.83	1.57	0.87
	中级	1.73	1.07	1.79	1.05	1.86	1.10	1.90	1.16
	高级	1.89	1.18	1.99	1.32	2.09	1.46	2.20	1.56
康复师									
	初级	1.15	0.54	1.37	0.70	1.44	0.85	1.62	0.89
	中级	1.78	1.03	1.82	1.09	1.86	1.15	1.96	1.11
	高级	2.17	1.24	2.15	1.37	2.29	1.50	2.26	1.56

再基于2017年家庭医生团队在编人员和非在编人员的单位时间人力成本，依据各项上门服务平均所需的参加人数和服务时间，区别计算出每项服务所耗费的标准人力成本，见表3-4。

表3-4　　深圳市社区健康机构相关医务人员标准人力成本

服务项目名称	上门人员	本书采用结果		标准人力成本（元/次）					
		平均每单位服务参加人员数（人）	平均每单位服务时间（分钟）	初级		中级		高级	
				在编	非在编	在编	非在编	在编	非在编
上门诊疗	医师	1.63	39.06	123.51	79.58	143.89	85.31	155.99	108.24
上门急救	医师	1.59	51.30	158.24	101.96	184.34	109.30	199.84	138.66

续表

服务项目名称	上门人员	本书采用结果		标准人力成本（元/次）					
		平均每单位服务参加人员数（人）	平均每单位服务时间（分钟）	初级		中级		高级	
				在编	非在编	在编	非在编	在编	非在编
上门（家庭）护理	护士	1.31	40.66	83.63	46.34	101.20	61.79	117.18	83.09
上门配药送药	护士	1.11	22.03	38.39	21.27	46.46	28.37	53.80	38.15
上门残疾者功能康复	康复师	1.39	52.50	118.22	64.95	143.03	81.00	164.92	113.84
上门急性伤病术后康复	康复师	1.41	36.34	83.01	45.60	100.43	56.88	115.80	79.93
上门慢性病患者康复理疗	康复师	1.32	49.69	106.26	58.38	128.56	72.81	148.24	102.32
上门输液	护士	1.00	45.00	70.65	39.15	85.50	52.20	99.00	70.20
上门注射	护士	1.00	13.50	21.20	11.75	25.65	15.66	29.70	21.06

2. 交通成本核算

交通成本核算模块内容包括交通工具折旧费和燃料费，其中燃料费数据来自上门服务的焦点观察。

服务项目标准交通成本＝次均燃料费＋次均折旧费

因深圳市政府"禁摩限电"的政策[①]，电动车使用只限于某些道路，因而在去往步行难以达到的患者家中或在天气不佳的情况下，医务人员选择使用汽车作为上门服务的交通工具。使用汽车除折旧费外，还耗费

---

① 孔凡义，段桃秀．深圳"禁摩限电"风暴［J］．决策，2016，26（5）：83-85．

一定的燃料费。根据交通工具折旧计算方法[①]和焦点观察记录结果（两种交通工具使用比例约1∶1），分别测算出不同路程的标准交通成本，见表3-5。

表3-5　　深圳市家庭医生上门服务项目标准交通成本

往返路程（公里）	交通工具	次均燃油费（元/次）	次均折旧（元/次）	交通工具标准交通成本（元/次）	标准交通成本（元/次）
~1	汽车	0.8	5	5.8	3.90
~1	电动车	0	2	2	3.90
~2	汽车	1.6	8	9.6	6.55
~2	电动车	0	3.5	3.5	6.55
~3	汽车	2.4	12	14.4	10.20
~3	电动车	0	6	6	10.20
~4	汽车	3.2	16	19.2	13.35
~4	电动车	0	7.5	7.5	13.35
~5	汽车	4	19	23	16.25
~5	电动车	0	9.5	9.5	16.25
≥5	汽车	5	22	27	19.00
≥5	电动车	0	11	11	19.00

（二）医院成本

由于家庭医生与坐诊医生的基本薪酬并无差异，除医院需支付交通等诊疗成本外，医院成本主要表现为具体软件和硬件设施的成本。排除传统坐诊模式和"家庭病床"模式都存在成本支出，包括基本医疗器材的配置、基本药品和耗材支出等方面；在软件方面，医院的成本体现在医护人员数量的配置及其服务覆盖面积情况，"家庭病床"模式会增加医

---

① 祝倩.基于精细化管理的高校固定资产折旧研究［D］.长沙：中南大学，2013：54-57.

护人员的看诊的灵活性。因此，对于具体办公地点的需求则会降低。目前我国医疗机构的办公地点配置情况为每1~2名医师配有一间门诊室，而从表3-6中可以看出。从2014年"家庭病床"模式开展初始，光明社康中心家庭医生团队的办公面积就保持在25m^2，随着团队医护人员的增加，人均办公面积占有数量逐渐下降，为医院节省了一定的建筑面积。

表3-6　　　　深圳市家庭医生团队办公面积占有情况

项目	2014年	2015年	2016年	2017年
办公面积（m^2）	25	25	25	25
家庭医护人员数量（人）	3	3	4	5
人均占有量（m^2/人）	8.33	8.33	6.25	5
服务床位数量（床）	67	190	379	631
人均服务量（床/人）	22.33	63.33	94.75	126.2

（三）政府投资成本

对于老年人的医养问题上，目前主要有家庭养老模式、社区养老模式、机构养老模式三种最为基本养老模式，老年人生理的特殊性以及患病现状，使得不论是家庭养老、社区养老，还是机构养老，都需要强化其本身的医疗功能和养护功能。然而就中国目前家庭养老为主的养老模式下，大部分患病老年人口都有去医院就诊的实际需求。

由此，医院增建似乎显得很有必要。但是，"家庭病床"模式的实施，极大地满足了老年人，特别是半失能老人和慢病患病老人的日常医疗和护理需求。然而，由于相关开销以及医护人员工作负担较大，因此需要政府的一定补贴。目前，深圳市光明新区政府对于每张"家庭病床"的补贴金额为3 000元，按照2017年政府补贴情况看，当光明社康中心"家庭病床"服务率覆盖97.9%时，政府补贴金额为1 893 000元。

表3-7　　　　　深圳市"家庭病床"模式政府补贴情况

项目	2014年	2015年	2016年	2017年
政府补贴（元）	201 000	570 000	1 137 000	1 893 000
家庭医护人员数量（人）	3	3	4	5
人均补贴（元/人）	67 000	190 000	284 250	378 600
服务床位数量（床）	67	190	379	631
服务老年人口覆盖率（%）	95.5	97.4	97.6	97.9

目前深圳市光明新区光明街道光明社区老年人口总数为1 164人，假设所有老年人口都加入"家庭病床"模式，服务覆盖率为100%，服务床位数为1 164张，政府需补贴3 492 000元。

如不采用"家庭病床"模式，构建养老医疗服务机构，根据民政部组织编制，经住房和城乡建设部、国家发展改革委批准的《老年养护院建设标准》要求[①]。500床、400床、300床、200床、100床五类老年养护院房屋综合建筑面积指标应分别为42.5 m^2/床、43.5 m^2/床、44.5 m^2/床、46.5 m^2/床和50.0 m^2/床；其中直接用于老年人的入住服务、生活、卫生保健、康复、娱乐、社会工作用房所占比例不应低于总建筑面积的75%。参照浙江省公建民营养老机构实际床位配置和投资金额看[②]，杭州滨江绿康阳光家园共有床位2 000张，投资金额为5亿元，平均每床投资金额为250 000元，收费标准为床位费从1 300~2 050元/月/床不等，套间是7 500元/月/间，护理费按级别从600~3 100元/月/人不等；深圳市宝安区养老院建设工程项目，占地面积7 324.66 m^2，总建筑面积67 119.33 m^2。项目新建主楼一幢，地上23层，地下3层，各层设主要功能用房，共设置床位1 000张，其中特护型（介护老人）390张，半护理型（介助老人）

---

① 中华人民共和国民政部. 老年养护院建设标准[EB/OL]. (2011). http://files2.mca.gov.cn/www/201104/20110428163327233.pdf.

② 拥有2 000张床位、投资5亿元的养老机构来了——杭州滨江绿康阳光家园创建养老新模式[EB/OL]. 浙江老年报, [2017]. http://news.163.com/17/0317/05/CFN3BJ1N00014SEH.html.

395张，自助型（自理老人）215张，其概算总投资5.23亿。[①]

将"家庭病床"模式与筹建养老机构两种养老模式的对比不难看出，筹建养老机构的投资金额要求明显高出"家庭病床"模式。且目前"家庭病床"模式所产生的费用由医保报销，能够让患者在家中就享有由医保报销的医疗服务，而居住养老机构尚未纳入医保报销范围内，因此，入住养老机构对于老年人会产生一定的经济负担。

二、成本—效益分析

成本—效益分析（Cost-benefit Analysis）是通过比较项目的全部成本和效益来评估项目价值的一种方法。在成本效益分析中，本次测算分析更加侧重于，在现有成本下，"家庭病床"模式具体取得了较传统坐诊模式更为优越的经济和社会效益。

（一）总体收支变化情况

在成本—效益分析中，需要测算从开展"家庭病床"模式以来，该种模式下总体成本的变化幅度，以及该种模式下总体收入的变化幅度。由此，对比该种模式实施前后成本收益的同比增长率或同比下降率。

从深圳光明社区健康服务中心"家庭病床"模式与社区健康服务中心财务分开独立核算，因此，本书主要针对"家庭病床"模式开展的总体成本与收入情况进行对比分析。由于2014年"家庭模式"刚刚开展，财务独立核算时间比较零散，不能体现当年的年收支情况，因此不纳入2014年的财务指标。从图3-1中可以看出，从2015年至2017年，"家庭病床"模式开展的总成本、总收入以及诊疗费用收入都呈现上升趋势；从折线图的变化幅度，不难看出，2015年至2016年，总成本的增长幅度

---

① 省市宝安区民政局.全市单体最大区级养老院——宝安区养老院"春晖苑"正式动工.http://www.baoan.gov.cn/xxgk/qzfxxgkml/xwzx/bmdt/201810/t20181019_14311005.htm?%E7%A4%BE%E4%BF%9D.

高于总收入增长幅度，诊疗费用收入增长幅度较小，但是2016年至2017年，总成本与总收入增长幅度相当，诊疗费用收入增长幅度较大，为352.9%。

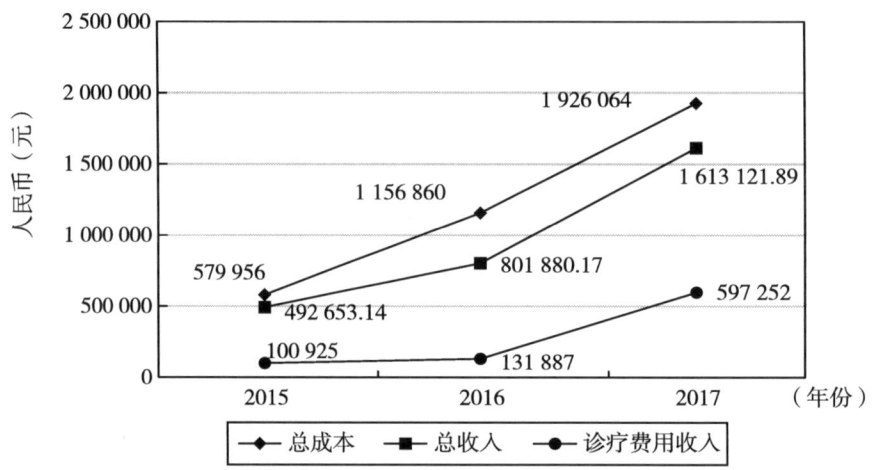

图3-1 "家庭病床"模式总体收支变化趋势

进一步分析"家庭病床"模式的总体收支、诊疗费用收入的年增长率得到（见表3-8），可以看出，从2015年至2017年"家庭病床"模式的总体成本增长幅度在不断下降，而总体收入增长幅度在不断上升，其中诊疗费用收入增长幅度尤为明显。诊疗费用收入的突增的原因可归纳两方面：一方面在于诊疗费用由起初的17元/次提升至77元/次，另一方面该模式开展产生了较好群众效应，辖区居民的参与率不断增加，从2014年的95.5%增至2017年的97.9%。但是从总体收支比情况看，"家庭病床"模式在2015年至2016年的收支并不太理想，呈负增长趋势，说明成本增加快于收入增加幅度；而2016年至2017年则逐渐改善，收入增加幅度不断加快。该结果的产生需要考虑，该种模式开展与2014年相比，起初各种资源配备有限且处于摸索时期，在开展早期服务家庭数量的增长较快，但当时收费水平较低，因而造成早期成本增加速度过快而收入增加幅度较小的现象。

表3-8 "家庭病床"模式总体收支年增长率变化

项目	2015年	年增长率	2016年	年增长率	2017年
总体业务成本	579 956	99.47%	1 156 860	66.49%	1 926 064
总体业务收入	492 653.14	62.77%	801 880.17	101.67%	1 613 121.89
总体收支比	0.85	−18.82%	0.69	21.74%	0.84
诊疗费用收入	100 925	30.68%	131 887	352.85%	597 252

（二）患者受益情况

在成本—效益分析过程中，除了对于医疗服务供方的收益情况进行对比分析外，还需要对需方的受益情况进行测算。一方面，通过与患者的沟通访谈，了解患者在该种服务模式下的主观获得感，即定性研究；另一方面，从"建床"患者的年医疗支出（即医药费用）以及健康状况（住院率）来测算患者的实际受益累积变化情况。从患者实际受益为研究切入点，"家庭病床"模式的开展与传统的医疗机构诊疗模式之间的主要差异可以分别从门诊和住院两方面进行测算和分析。

1. 门诊费用对比分析

首先，从门诊看，"家庭病床"模式主要为以家庭医生上门诊疗为主，患者无须自行前往医疗机构排队挂号就诊，两种模式产生的挂号费（巡诊费）和医药费用都由医保覆盖报销，差异不大。因此，两种模式的主要差异在于患者就诊前的交通成本、时间成本两方面。从表3-9的测算结果可以看出，"家庭病床"模式服务的患者在时间成本为0，患者无须出门；前往医疗机构就诊，不论医疗机构远近或采用何种交通工具，都会产生一定量的时间成本和交通成本。在就诊时长方面，前往医疗机构的患者需要在实际就诊之前一直等待，因此，产生大量隐形的时间消耗，而"家庭病床"模式是由医生提前预约时间上门就诊，患者无须等待。此外，在医师日平均诊疗人次上，家庭医生服务人次明显要低于其他医疗机构的医师日平均诊疗人次，这样能够让家庭医生在工作时间内，更加有效且深入地与患者进行诊疗以外的沟通与交流，便于家庭医生更好地把握患者的病情、生活空间、居住环境、生活习惯以及心理状态。

表3-9　　　　　　患者前往不同医疗机构就诊花销测算

医疗机构类型	交通工具	交通费用（元）	单程路程时长（分钟）	每次就诊所需时长（分钟）	医师人均门诊量（人次/天）
"家庭病床"	公交	0	0	15	10
	汽车	0	0		
社区卫生服务中心	公交	2	10	30	80
	汽车	5	6		
	电动车	0	8		
二级医院	公交	2	20	98	100
	汽车	10	12		
	电动车	0	17		
三级医院	公交	15	70	150	120
	汽车	30	55		

2. 住院费用对比分析

从住院看，本书以二级医院的住院实际收费标准与"家庭病床"模式费用进行对比。"家庭病床"模式下，患者主要居住在家中，采用家庭护理方式进行康复和疗养，其主要产生的费用包括家庭医生巡诊费用、保姆费用以及诊疗费用。而住院实际花销除了上述费用外，还有床位费、查床费、临床护理费以及其他住院相关费用。从表3-10的对比分析结果可以看出，"家庭病床"模式能够让慢病、部分失能、半失能、失智等老人在家中以较低的费用享受住院疗养的服务。且"家庭病床"模式下产生的医疗费用的收费标准低于正常住院的收费标准，降低了老年人的医疗费用负担。

表 3-10 患者"家庭病床"与住院费用对比

医疗机构类型	床位费	查床费	生活护理费	临床护理费	巡诊费	医药费收费标准	其他费用
"家庭病床"	0	0	133元/每天	0	77元/次	第四档	0
二级医院	50元/天	5元/天	133元/天	4元/天	0	第二档	生活处理相关费用、家属陪同等相关费用

3. 住院率变化情况分析

以2014年"家庭病床"模式开始开展为时间分割点，分别就深圳市光明社区健康服务中心辖区范围内老年人口2011年至2013年与2015年至2017年的住院率进行对比分析。住院率变化情况显示（图3-2），"家庭病床"模式开展之前，深圳市光明社区辖区内老年人口住院率在2011年至2013年呈现较为明显的增长趋势，其中2012年（40%）至2013年（65%）的住院率增长尤为显著。从2014年"家庭病床"模式开展以来，从图中不难看出，该种模式的服务范围不断扩大，从2014年覆盖率为95.5%增长至2017年覆盖率为97.7%。与此同时，伴随该模式服

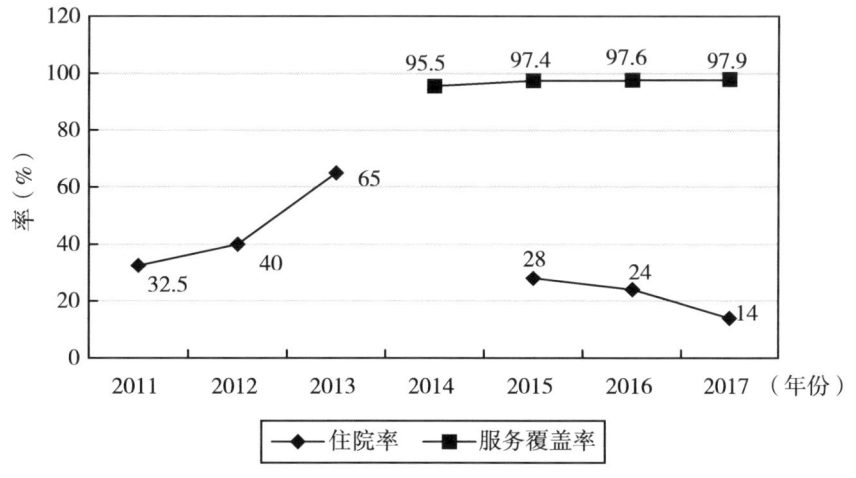

图3-2 "家庭病床"模式服务覆盖率与住院率变化趋势

务覆盖范围的不断扩大，光明社区健康服务中心辖区老年人口的住院率也在不断下降，从2015年的28%下降至2017年的14%，住院率下降趋势明显。

第四章 "家庭病床"模式的定性分析结果

"家庭病床"模式的开展便利了患者就诊,是应对目前我国老龄化趋势加剧下,居家养老为主的"医养结合"养老模式。现将该模式的优劣之处进行阐释。

一、优势分析

目前,根据课题组前期调查、领导员工访谈以及群众反馈情况看,"家庭病床"模式开展的优势可以从服务对象(即患者、医疗人员、政府三方面)进行逐层分析。

(一)患者——服务需求方

从与患者的交谈和现场观察看,患者在"家庭病床"模式中的受益主要包括:诊疗便利程度提升、医疗费用降低、生活质量和精神状态改变、疾病突发应对以及预后效果改善等方面。

首先,在诊疗便利程度方面。传统患者前往机构寻求诊疗的模式,使得患者在求医就诊过程中会出现许多时间、精力和金钱方面的成本(时间成本、误工成本、交通成本等)。患者求医就诊过程中,交通时间、候诊时间、取药时间以及医疗知识缺乏导致的间接花销(如挂错号、选错科室等),会造成患者除去患病之外大量消耗,此外加之患者求医就诊过程中陪同家属的附加花销,这些对于老年患者及其家庭来说都是比较大的医疗(直接和间接)花销。而"家庭病床"模式使得患者求医就诊的花销明显降低,主要表现在时间和精力方面。面对已经"建床"的患者,家庭医生每周在固定时间上门诊疗，并与患者日常临时需求相结合，采取日常固定诊疗和按需灵活诊疗相结合的模式。该种模式看病不出门、取药不站排、诊疗在家中，让患者在居家就能享受到与社区医疗机构同等的诊疗待遇。

其次，在医疗费用降低方面。"家庭病床"模式采用的依据医保住院报销的形式，患者在选择"家庭病床"模式就诊时，其医疗费用的花销皆按住院费用报销，极大地缓解了患者经济负担。同时，在家庭医生定期上门诊疗和随时应诊的模式下，老年患者的身体和心理状况能够被家庭医生从家庭居住环境、日常生活喜欢以及心理精神状态等方面观测并规避潜在风险。该种模式使得家庭医生能够基于老年患者的日常生活行为习惯、饮食习惯、起居环境，就老年患者的患病情况，提出个性化康复策略和保健方案。在家庭医生的密切观察、科学干预和循序引导下，老年患者（尤其是慢性病患者）的病情能够得到有效控制和干预，从而降低患者疾病恶化或突发事故导致的住院或其他医疗花销。

再次，在生活质量和精神状态方面，"家庭病床"模式更多体现在家庭医生对于老年患者的人文关怀和心理慰藉上。光明社康中心目前覆盖65岁以上老龄人口1 164人中，"空巢老人"占到26%，子女长期在外工作，主要以保姆看护为主，老年人多身患疾病，身体状态较差，较少与他人往来，因此，心理和精神上较为空虚和忧虑。而"家庭病床"模式下，家庭医生定期诊疗使得老年人能够更多地与医护人员交谈沟通，一方面让老年人感受到关怀、重视，另一方面使得家庭医生在与老年人沟通交流过程中，对其病情和日常状况更为了解，有效地提升老年人的生活质量和精神状态。

最后，在疾病突发应对以及预后效果方面，家庭医生定期上门诊疗，能够对老年患者病情的轻重缓急进行明确判断，在老年人病发的第一时间采取有效措施，并将老年人送往医院及时就诊。家庭医生能够针对老年人病情确定老年人适宜送往哪一科室，与上级医院进行沟通转诊，缩短了老年患者疾病诊疗时间，也利于上级医院医师对其疾病治疗方案的制定。此外，老年人术后出院康复时，家庭医生能够随时跟踪老年患者的疾病预后情况，指导患者家庭和保姆进行恰当的康复操作，以改善老年人的术后康复效果。

（二）医疗人员——服务供给方

"家庭医生"模式对于家庭医生来说，主要的受益表现在，基层医疗机构的疾病治疗范围有限，多为简单病种，对于家庭医生的诊疗能力以及专业技术能力的提升较为有限，而"家庭医生"模式的开展使得家庭医生摆脱原来被动等病人来就医的诊疗方式，采用主动方式，深入地融入患者的生活中，因此有更多的机会接触和了解不同的疾病，从而能够提升家庭医生的业务能力。

另外，其还表现在家庭医生在定期与患者沟通交流后，增加医患亲近度，医患之间的关系更为融洽，还能够在看病就诊过程中提升自身专业能力，同时在于患者的深入交流后提升人文关怀能力。通过长期较为稳定的医患关系，提升了患者的医疗满意度，减少了医患矛盾的产生。

（三）政府——资源供给方

"家庭病床"模式的开展，对于政府，其受益主要体现在医疗卫生资源利用效率和老龄化产生的医疗负担。

从医疗卫生资源利用效率看，"家庭病床"模式使得老年患者能够待在家中就享受同样的医疗就诊待遇，并且通过家庭医生的日常定期诊疗和干预指导，改善老年人的健康状况，减少老年人由于慢性病患病、日常拿错药或不良生活行为习惯导致的疾病诊疗；患者疾病手术的住院时间，也能够通过该种模式的开展而缩短，节省了医疗卫生资源。

从老龄化产生的医疗负担看，通过"家庭病床"模式，患者能够在家庭医生指导下改变不良生活行为习惯，对患病老年人起到改善健康状态、控制病情的效果，对于未患病老年人来说，能够达到"防治未病"

的效果，降低慢性疾病的患病风险。

二、缺陷与不足

结合目前光明社康中心"家庭病床"模式的开展现状，该种模式主要存在以下劣势和不足。

（一）人力资源的缺乏和不足

"家庭病床"模式相比传统的坐诊模式，要求医护人员走出机构，上门服务，这就涉及两方面问题。一方面，对于医护人员的诊疗水平和经验具有一定的要求，由于相比基层医疗机构的坐诊医生，上门诊疗的医护人员可能会随时面对难以处理的突发情况，因此，要求上门诊疗的医护人员具有一定的专业判断能力和疾病处理的经验。另一方面，上门诊疗相比传统的坐诊模式，医护人员不仅与疾病打交道，还需要与患者及其家属打交道，而此时，良好的人际沟通能力和心理学基本知识就显得必要了，具有较好沟通能力的医护人员才能够实施前面所提到的病情观察和行为干预，否则该种模式的效果难以实现。

由于"家庭病床"模式对于医护人员的要求较传统坐诊模式的要求高且工作量较大、薪酬待遇不高，因此，人力资源缺乏问题比较突出。这不仅涉及苦读多年的医学生是否愿意到基层医疗机构工作，也涉及即便有人愿意来，医疗机构也需要对其进行筛选，尤其是否符合上述两个要求。

（二）诊疗过程中存在一定风险

"家庭病床"模式主要是家庭医生定期上门对患者提供诊疗服务，在提供服务过程中，不排除患者有"购买服务"的消费心理，即患者希望在自己支付诊疗费的同时，能够享有更为优质且更为长久的诊疗服务。但家庭医生医疗技术水平未达到患者期待时，患者及其家属可能会产生排斥心理。还需要考虑上门诊疗过程中潜在的"道德风险",即患者接受上门诊疗服务时,处于一个闭塞的诊疗环境中,由于医患双方信息不对称,患者处于被动地位,因此,要避免家庭医生对患者诊疗的"寻租行为"。

最后,上门诊疗主要在患者家中,因此,一些诊疗项目存在一定局限性,如对环境清洁度、温度、湿度等方面具有一定要求,需要更为注意和谨慎,同时在家庭医生指导患者家属协助操作时,也需要保证教授内容的全面性、系统性和科学性,防治患者家属协助操作过程中,缺乏相关医学知识而导致病情恶化或其他情况。

(三)政府医疗保障水平和能力

目前,深圳光明社康中心采用的"家庭病床"模式,其报销比例是依据住院报销比例进行,基本在85%以上。针对深圳经济较为发达、覆盖患者数量较小的情况,该种模式能够让患者支付较低费用的同时享有较高的服务待遇。但是,需要考虑人口老龄化趋势下服务人口数量的增加,以及该种模式推广后,面对的服务人群更广的情况,现有医疗保障资金是否有能力负担。此外,还需要考虑到流动人口和随迁人口,医疗保障资金是否能够覆盖。但是该模式比新建医院和养护院仍然是既卫生又经济的。

(四)医联体协作机制的构建优化

针对医联体协作机制的构建与优化,结合目前"家庭病床"模式开展的问题与经验,本书主要从信息共享以及药品共享两方面进行论述。

第一,在信息共享方面,"家庭病床"患者病案信息系统和药品使用相关信息系统目前仅在社康信息系统中得到构建,未能与上级医院信息系统对接。患者病案与用药信息的未共享,一方面不利于患者在住院期间,让住院医师第一时间系统全面地掌握患者的日常情况;另一方面患者住院后,家庭医生对于患者的病情也会转为"空白期",不利于患者出院后，家庭医生针对性地对患者进行康复和保健指导工作。由于医疗信息系统对接工作量较大，且存在一定的技术困难，信息共享对接不仅仅是存在于"家庭病床"模式中的重要问题，也是我国医疗机构信息化能力构建和信息化管理体制优化的重要环节。

第二，"家庭病床"模式的开展：深圳市光明社区健康服务中心的"家庭病床"模式开展的成功原因之一，家庭医生可根据患者需求直接到上级医院领药，而不受限于国家基本药物目录，是因为"院办院管"的便利（即深圳市光明社区健康服务中心隶属于光明新区医疗集团，因此具有紧密的合作性和协同性）。而就全国范围看，很少有基层医疗机构能够与上级医院构建这种亲密无间的关系，其他地区的社康和医院不具备这种关系则很难实现自由领药，许多老年患者都患有慢性病或处于共病状态，由于所在社区没有其所需药品，被迫至二级医院或三级医院购买其处方内药品，因此造成许多不必要的花销（如交通费、时间、诊疗费用等）。

第五章 对策建议

一、优化人事制度,加强资源全面下沉

针对基层医生和家庭医生人力资源缺乏的现状,相关部门可以调整原有的人事制度和职称晋升制度。一方面,提升基层医疗机构医护人员的薪酬待遇,增加对基层医疗机构的政府补贴资金投入;另一方面,调整现有医护人员的职称评审制度,将基层医疗机构的服务时长和业绩纳入职称评审制度中,提升基层医疗机构医护人员工作的积极性和主动性。此外,可采用基层医疗机构的优先人员的评选制度,增加基层医疗机构和医护人员的社会影响力和公众认可度,增加基层医护人员的职业荣誉感。同时进一步完善"医联体"建设,政府主管部门应当提高对基层医疗机构医务人员业务技能考核的管理,出台相应的技能考核政策,考核不合格的给予一年的补习机会,仍不合格的应予辞退,以保证基层医疗机构的服务质量。

在基层卫生服务工作的质量上,从目前提升家庭医生签约服务转变为整合性医疗服务(integrative care)。在家庭医生签约的基础上,重点考虑如何为服务人群(尤其是老年人)提供连续性的医疗卫生服务,特别是要重点考虑居家护理和家庭病床的工作。

人才调动方面,三级医院在从医学院校直接招聘医务人员的基础上,每年应有一部分名额从联合体的二级医院中选调,二级医院应当从基层医疗机构中选调,这样可以增加二级医院和基层医疗机构医务人员的学习动力。实行资源共享、人才共享、利益共享和责任共担紧密型医联体;

在医疗联合体内，上级医院的科室领导与下级医院实行转岗任职。

还需要增设第三方机构，对家庭医生及其服务进行评估和考核，医院或卫生监管部门可以构建医疗服务评价体系，从患者满意度、患者患病率、患者健康评价等方面对于家庭医生进行量化考核，提升家庭医生的工作效率。

二、完善行政监管，落实产学研媒联动

首先，在"医养结合"模式发展与推进过程中，应秉承"家庭—社区—机构"养老协同发展理念，根据老龄人口身体健康、心理健康、服务需求等实际情况分类指导，制定个性化养老策略，推进具有中国特色、跨部门的医养结合养老模式制度建设。设立高一级的统筹管理部门，协调养老医疗资源，建立统一完善的养老和医疗配套政策。明确下属相关部门的职责权限，例如卫生部门负责制定医疗机构准入和医疗行为的监管制度，民政部门负责制定养老机构注册及其资质准入制度以及纳入医保的资质标准。相关部门根据职责权限加强合作，分别修订关于养老和医疗资格准入、机构规范、行业管理等相关政策，从执行层面推动医养结合服务的统一和完善。

其次，以科学研究推动政策制定与监管优化，深入开展对医养结合养老模式的学术研究。在研究视角上，探索多学科、多理论的交叉运用，从跨学科的视角，多角度地对研究对象进行分析和探讨。加强理论性系统研究和国外经验本土化的研究。加强医养结合机构的准入、审核、评估、监管方面的研究，提出有可操作性的建议。开展"医养结合"创新模式的研究及现有模式成效的研究。

最后，充分发挥媒体的监督与宣传作用。现今，我国已进入全媒体时代，应重视多元化媒体与信息传播手段在"医养结合"模式探索与优化中所扮演的重要角色。加强媒体对老年健康相关科学知识的传播，强化媒体对不同养老模式下老年健康与服务质量的监督和公开，提升媒体对政府

养老政策解读与宣传，从而使"医养结合"模式呈现出新发展，新态势，新突破的局面。

三、健全社保制度，护航长期护理保险

长期护理保险（以下简称"长护险"）制度与医疗保险用于保障参保者的疾病治疗不同，该险种用于帮助长期失能者的生活照料和必要医疗日常护理。我国人口老龄化呈现的人口规模大、速度快、高峰持续时间长等特点，对经济社会发展具有全方位和极其深刻的影响。在人口快速老龄化、少子老龄化、空巢老龄化、未富先老、人口大规模流动等背景下，老年人对医疗保健、康复护理等服务的需求日益增加，如何稳妥地照护失能老年人是我国应对银发浪潮的关键问题之一，其重要性毋庸赘述。

《国民经济和社会发展第十三个五年规划纲要》指出：为推进健康中国建设，要"深化医药卫生体制改革，坚持预防为主的方针，建立健全基本医疗卫生制度，实现人人享有基本医疗卫生服务，推广全民健身，提高人民健康水平。"《人力资源社会保障部办公厅关于开展长期护理保险制度试点的指导意见》（人社厅发〔2016〕80号）明确，"探索建立以社会互助共济方式筹集资金，为长期失能人员的基本生活照料和与基本生活密切相关的医疗护理提供资金或服务保障的社会保险制度……力争在'十三五'期间，基本形成适应我国社会主义市场经济体制的长期护理保险制度政策框架"。

针对老年人长期照护支付能力不足的问题，政策设计更加创新，既有在原基础上深化推进，也有在新的重点领域的先试先行，根据人力社保部的最新数据，经过两年来的探索，承德市、长春市、齐齐哈尔市、南通市、苏州市、宁波市、安庆市、上饶市、青岛市、荆门市、广州市、重庆市、成都市、石河子等15个试点城市均发布了长护险的实施政策，山东和吉林已在全省范围内推行长护险，目前长护险参保覆盖城市人口超过4 800万人，形成了单位、个人、财政、社会和医保责任共担的筹资

格局，为缓解失能老年人个人和家庭的负担、增添广大失能老人的安全感和获得感，减少社会化住院等起到积极的促进作用。与此同时，长期护理保险制度的试点还发挥了良好的外部效应，吸引投资、并购海外长护险公司，也为我国建立第六项社会保险——长护险提供了宝贵的经验。

中国卫生经济学会老年健康专业委员会通过对所有试点地区的长护险政策收集和整理、试点执行状况的数据归纳，以及重庆、青岛、齐齐哈尔等试点地区的个案研究，对于在养老、医疗、工伤、失业、生育5项社会保险之外，一项新的社会保险——长护险进一步完善提出以下建议。

第一，完善长护险的筹资渠道。以医保基金为主要筹资来源，是目前各试点地区采取的主要方式。然而，各地区普遍反映该方式可能会影响长护险筹资的稳定性。从长远而言，建立独立的筹资渠道、账户和多元筹资机制是必经之路。从国际经验看，尽管政府财政参与长护险筹资有利于增强其筹资能力，但是政府筹资比例过高可能会在未来的20~30年间给公共财政造成越来越大的负担（如日本）。因此，应当理性地看待公共财政在长护险筹资中产生的积极作用、合理设置各主体在长护险筹资中的角色。

第二，促进长护险和医养结合的有序配合。在我国长护险和医养结合的双重试点地区，我们发现长护险有效地促进了"医养结合"的机构培育和服务供给。长护险增强了长护服务消费者的付费能力，是一种补需方的手段。在医疗急症、手术后的康复期和平稳期，老年人利用长护险合理购买照护服务，更好地满足了老年人的医养需求。这种模式值得在更广泛的地区推广。

第三，坚持以强制方式推广长护险。结合美国实施商业长护险的经验以及我国商业健康保险市场的发育状况，在我国通过商业长护险的方式满足广大失能老年人的长护服务需求是不可行的。以强制方式推广长护险，可以促进社会公平性，最大限度地发挥保险的大数法则，避免保险的碎片化、区隔化风险，更有利于保障我国每个失能老年人得到适当的长护服务。

第四，加强长护险试点地区的实证研究和经验总结。目前，部分试点地区（如青岛）积累了关于长护险筹资、评估、支付等方面的数据；在试点期间，各地区也逐步累积了大量的长护险数据。政府、学界和其他利益相关者应及时分析这些数据，主题应包括：（1）长护险的社会效益，包括减少社会化就医、缓解失能对老年人及其家庭的负担、长护险对于养老、护理和康复市场培育的影响等；（2）长护险的可持续性，包括收支平衡、运行风险、经办途径等；（3）比较分析各试点地区长护险的优劣，各地在保障范围、参保范围、筹资机制、待遇支付、经办管理方面都有所不同，这相当于创造了一个社会性试验的场域，通过比较分析各地的数据，有利于摸索总结长护险的适宜制度设计。

第五，发挥老年健康专业委员会智库作用。中国卫生经济学会老年健康专业委员会汇聚了国内长护险研究方面的顶级人才，在保险、公共卫生、护理、养老、社会学、法学等方面都具有明显的优势。老年健康专业委员成功主办了"我国和国际健康养老的现状和挑战"首届论坛、"医养结合与老龄事业和产业发展学术研讨会"、承担国家级继续教育项目"应对高龄化（80岁以上）背景下老年人医疗保险培训班"，老年健康专业委员会有能力为我国长护险发展提供强有力的智库支撑。国家可将实证研究、经验总结、长护险立法制度设计项目工作委托老年健康专业委员会（第三方）独立的专业机构完成，发挥老年健康专业委员会智库作用。

第六，分步推进，2035年实现长护险人口全覆盖。根据我国经济、社会发展水平和历史文化传统分析，建议分三步走，既可缓解公共财政的压力，又有利于稳步推进长护险落地。第一步，"十三五"期间实现80岁以上或90岁以上老年人（根据财力和社会力量的实情）长护险全覆盖；第二步，"十四五"和"十五五"期间，65岁以上老年人长护险全覆盖；第三步，2035年建立统一的长护险制度，作为一项全民覆盖的社会保险强制实施，保障范围是长期失能的人员，惠及的人群不只是老年人，还包括遭遇意外后造成失能的中青年人，以及先天性疾病造成失能的孩子。

四、强化医院联系,促进各级有效沟通

目前,由于医疗机构的层级不同,三级医院往往比基层医疗机构更为全面地使用药品种类。由于医疗信息系统尚未统一,各家医院不能共享患者病史及相关病案信息。对此,课题组建议:首先,各级医院加强联系,构建战略合作关系,在取药、处方等方面构建互认机制,加强基层医疗机构的服务能力,减少患者因基层医疗机构缺少药品而被迫前往上级医疗机构,合理分散患者人群,缓解上级医院的诊疗压力。其次,构建病案共享信息系统,尤其是构建基于"家庭病床"模式的长期患者病情观测记录的病案信息共享系统。最后,病案信息共享要考虑纵向构建,也要横向拓展。由于居民具有流动性,横向信息共享系统能够让患者在迁移至其他社区或城市的同样使家庭医生尽快掌握患者的情况。

五、构建智慧养老,推行"互联网+大健康"

"互联网+医疗健康"能够有效提升医疗卫生现代化管理水平,优化资源配置,创新服务模式,提高服务效率,降低服务成本,满足人民群众日益增长的医疗卫生健康需求。2018年发布的《国务院办公厅关于促进"互联网+医疗健康"发展的意见》明确指出,要推进远程医疗服务覆盖全国所有医疗联合体和县级医院,并逐步向社区卫生服务机构、乡镇卫生院和村卫生室延伸,提升基层医疗服务能力和效率[1]。智慧养老系统通过智慧医养云平台和手机APP,可为老人提供生活照料、养老托管、上门诊疗、快速救治、健康监测、安护康宁、健康档案、服务改进、政府监管等全方位的医养服务信息,同时通过"云+端"平台,还可实现机构与老人及老人亲属之间,政府与机构及社区之间,机构与家政及电商之

---

[1] 国务院办公厅.国务院办公厅关于促进"互联网+医疗健康"发展的意见.国办发〔2018〕26号〔EB/OL〕.(2018-04-28).http://www.gov.cn/zhengce/content/2018-04/28/content_5286645.htm.

间同步视频沟通服务,具有精准、高效、快捷、可视的特点。

社区居家养老有四大需求:健康、生活、文化和安全,而健康和安全方面是其基本需求。安全方面需要保证人员的居家安全,全方位监测老年人的地理位置和生理状态。健康方面需要对老人的身体状况进行跟踪监测并对异常情况及时告警。在安全方面,可以利用定位技术实现人员及用车的位置跟踪。遇到紧急情况,通过智能手环或其他移动设备呼叫求救,管理呼叫中心后台通过确认其位置信息,进行双向通话,尽快进行紧急救援,开启智能化居家养老模式,居家老人发生紧急情况,通过可穿戴设备、人工智能设备进行一键三呼,链接家属、呼叫社区卫生服务中心和120急救中心,三方响应,第一时间居家老人院前急救到位,实现"实时监控、远程监管、及时抢救"目标,解决居家老人突发情况抢救不及时的问题。在健康方面,通过移动终端收集老人的生理数据,自动传入云端后台,进行自动数据分析与处理,将每日收集的数据定期发送给家庭医生、住院主治医师或其家属和保姆,给出诊断或康复建议,一方面让老年人及其家属对老年人身体和疾病状态有个动态了解,另一方面,便于医生掌握老年人的健康状态,更好地进行医疗和康复指导。可以每天进行日常的健康监督、运动及饮食指导,特别对于一些高危人群,如高血压、糖尿病、脑卒中患者。例如将老人血压、心跳、血脂等数据采集上传至市级健康数据分析中心,健康数据分析中心经过大数据分析之后,推送健康指数给用户,或者在家属授权后传送给医师实时关注健康状况(健康档案、用药记录、护理记录、运动方案、营养套餐、心理慰藉、服务方案等);还可以实时推送专家坐诊信息,用户可以预约远程视频会诊和医生咨询。但需要重视数据信息的保密性和安全性,防止信息泄露或恶意售卖等。

六、更新概念内核,拓展"医养结合"外延

早在《黄帝内经》中就有"圣人不治已病治未病"的记载(《黄帝内

经·素问》），《国语·晋语八》亦提出"上医医国，其次疾人"。医养结合中的"医"，不仅仅是指医疗，而是大健康的概念，尤其在我国人口老龄化加速演进的现实状况下，即为"健康融入所有政策"的具体体现。

医养结合中的"医"不仅仅是指医疗，而应该是大健康的概念，尤其在我国人口老龄化加速演进的现实状况下，党的十八届五中全会明确，将建设"健康中国"正式上升为国家战略，党的十九大全面部署了实施健康中国战略，指出"人民健康是民族昌盛和国家富强的重要标志"。建设"健康中国"是习近平新时代中国特色社会主义思想的重要组成部分，实施健康中国战略任务，更需要突出健康保障"系统观、全局观、发展观"，仅仅关注发病后的治疗，总体效果差，健康危机有可能愈演愈烈；加强"天人合一"思想的系统性布局，进行健康教育、健康传播、健康促进，充分利用高新技术手段构建生命全过程的危险因素预测、控制、行为干预、疾病管理与健康服务，提升健康保障能力和自主性，减少对医疗干预的依赖，提升全民健康水平，让广大百姓生活质量更高、生存环境更美，"不患病、少得病、晚生病、更健康"，活的更有滋味，应是"医养结合"发展的重大战略目标，是积极主动应对老龄社会挑战的重要需求，也是实现健康老龄化和健康中国2030的战略目标的必经之路；为此，需要我们全新的战略内涵、精神内涵、文化内涵把医养结合落到实处。

健康红利与全民福祉紧密结合，是"医养结合"的战略内涵。医养结合中的"养"包括："养病""养生""养心""养元"，与"医"结合，分别对应着"慢病管理和急救管理""健康管理""文化养老、情志疗法＆心理关怀""生态养老"。强调"天、地、人"整体观这便是"医养结合"精神内涵。

进入新时代，从文化上引领人民顺应老龄社会，在老龄社会条件下，不断铸就中华文化的新辉煌。在决胜全面建成小康社会、夺取新时代中国特色社会主义伟大胜利的征程中，满足当下和未来老年人日益增长的美好生活（生态、物质、精神、文化）需要，营造健康、幸福、快乐的享老生活氛围。从养老到享老，必将成为人民对于美好生活的高层次追求，实现这一目标，不仅为中国，也为全球积极老龄化做出贡献。

强调"天、地、人"整体观，这便是"医养结合"精神内涵。"医养结合"将中华文化、医护服务与养老服务结合起来，不仅仅提供传统养老模式所提供的基本生活服务，如日常生活照料、精神慰藉和社会参与，还可以提供预防、保健、治疗、康复、护理和临终关怀等全链条的医疗护理服务，并促进中华优秀传统文化的发扬，践行"正气存内、邪不可干""阴平阳秘、精神乃至"的"文化养老"，"绿水青山、宜居环境""亲近自然、顺遂中道"的"生态养老"，为中国特色社会主义文化事业增添新内涵。

圣贤道德文化对社会的稳定和身体的健康有双重作用，早在春秋战国时代就谈到"夫道者，上知天文，下知地理，中知人事，可以长久"（《黄帝内经》）指出人要健康长寿，就要有知晓并应用天文、地理、人事的文化；东汉张仲景的《伤寒论》也提出"人禀五常，以有五藏"，强调"五常"既"仁义礼智信"五德对人五藏的长养作用；唐代孙思邈《千金方》进一步指出"故体有可愈之疾，天有可赈之灾，圣人和以至德，辅以人事"……无一不指出圣贤道德文化对社会的稳定和身体的健康有双重作用，重视并强调"天、地、人"整体观和辩证观；从宜居环境上、从文化上塑造理想的老龄社会，从而建立起"贵生思想"和康乐环境、健康习惯，人与己、人与自然、人与人、人与信仰，顺随中道、和谐圆融内化委价值取向，外化为行动[①]。在新时代，从文化上引领人民顺应老龄社会，在老龄社会条件下不断地铸就中华文化的新辉煌。在《决胜全面建成小康社会、夺取新时代中国特色社会主义伟大胜利》的征程中，满足老年人日益增长的美好生活（物质、精神、文化）需要，营造健康、幸福、快乐的享老生活氛围。

---

① 王红漫.大国为生之道［M］.北京：人民大学出版社，2016.

七、正视老龄问题，树立健康养老观念

国家统计局最新公布的《2017年国民经济和社会发展统计公报》显示，截至2017年年底，中国60周岁及以上人口达2.4亿人。据预计到2020年，全国60岁以上老年人口将增加到2.55亿人左右，占总人口比例提升到17.8%左右；高龄老年人将增加到2 900万人左右，独居和空巢老年人将增加到1.18亿人左右，老年抚养比例将提高到28%左右；用于老年人的社会保障支出将持续增长；农村实际居住人口老龄化程度可能进一步加深。积极应对人口老龄化，已成为全面实现小康社会的一项紧迫任务。

自2016年2月，习近平总书记高度重视养老问题，关注之重、密度之高、规格之高，其核心论断强调"要立足当前、着眼长远，加强顶层设计，完善生育、就业、养老等重大政策和制度，做到及时应对、科学应对、综合应对"。这是新时期老年健康工作的重要指导思想。国务院及各有关部门高度重视，制定了一系列规划和应对措施。国务院印发了《"十三五"国家老龄事业发展和养老体系建设规划》，国家卫生计生委、国家发改委等13家部门联合制定了《"十三五"健康老龄化规划》；国务院办公厅提出《关于进一步扩大旅游文化体育健康养老教育培训等领域消费的意见》等。面对我国人口老龄阶段保持身体和精神的健康以及良好发展状态，老年人安然、和谐、有尊严地度过老年阶段，提高生活质量、促进健康养老问题，我国还需要加大应对老龄社会到来的充分准备，为此，本书提出如下建议：

（一）立法先行建立高龄者医疗保险或长护险

为应对高龄化（90岁以上）背景下老年人医疗保险的特殊需求，制定《高龄者医疗保障法》《高龄者长护险》，实施以老年人为保障对象的特别医疗保险制度。我国的医疗保险制度改革取得了一定成效，不同省市、

地区、行业或企业的做法不尽相同，因此发展极不平衡，存在着医疗费不合理支出或大量浪费的同时，也存在着部分高龄者的医疗需求得不到满足的情况，特别是农村高龄老年人的医疗需求得到基本满足。通过统一立法，尽可能完善地解决这些矛盾。

2015年2月，笔者提出在高等医药院校设置老年医学、老年药学专业和老年护理专业，在综合性大学设置社会老年学必选课。加强老年基础医学理论研究。建立跨学科老年生物科学研究中心，利用高新科学技术为老龄化服务，包括老年医疗生物用品以及医疗新技术，如低侵袭性的低温医学、肝肿瘤的冷冻治疗、冷冻保存自身红细胞和血小板在心血管外科中的应用等新技术的临床应用，为健康养老提供更多可能，以提高老年人的生活质量。2018年5月18日，国家老年医学中心、国家老年疾病临床医学研究中心在北京医院揭牌，迈出可喜一步。老年教育和科学研究方面，我国仍处于较滞后地位，应是下一步工作重中之重。选课仍未落到实处。

（二）加强对老年期健康生活的指导

国家引导社会有关部门重视对老年人膳食结构的指导，科学宣传的膳食指南，发展健康食品和保健品，减少营养过剩、营养缺乏和不平衡引发的疾病；实施和推进各项适应老年人需要的生活服务和文化活动，发展适合老年人特点的体育运动项目；关注老年人心理健康，开展心理咨询，帮助老年人确立合理的心理预期，增强自我心理调适，提倡老年人要自尊、自信；发展为老服务产业，满足老年人对设施、产品和服务的需求，促进健康老龄化，对于减轻国家和家庭负担，都有不可忽视的作用。

（三）构筑健康养老的和谐社会

在社会各成员权益得到兼顾的前提下，弘扬尊老、敬老的传统文化，使全社会成员认同：老年人过去为国家、社会和家庭做出了贡献，作为公正回报，社会应向老年人提供支持；老年人作为脆弱群体，应当得到社会更多的帮助，使其融入社会发展，跟上时代步伐；老年人应不受年龄歧视，有参与社会发展的权利；老年人的重大政策，要吸纳老年人的合理意见；以不伤害、有益于人、尊重人和对人公平的社会伦理准则构筑健康养老的和谐社会。

（四）把健康促进作为系统工程

从日常生活方式和行为入手，对老年人加强健康倡导、健康促进和健康干预；开展重点人群预防和疾病的监测。政府和社会通过各种大众媒体和新媒体，传播健康知识，消除各种恶意和无意地错误消息传播；加强老年期健康教育，重视老年病的预防、康复，提高老年人自我保健能力，减少伤残和依赖；延长健康期、缩短带病期和伤残期。这是关系国家和社会的负担问题，关系到未来我国人口老龄化社会整体生态的战略问题。将健康知识的传播和健康的生活方式养成纳入国民基本教育，促进全人群健康作为一项系统工程，把健康人群带入到老龄化社会是促进健康养老的根本性问题。

八、推进医养结合，实现共建共赢共享

在中国逐渐进入社会老龄化大背景下，为实现健康老龄化、理想老龄化，有效解决养老服务供需结构失衡问题，统筹相关医疗、养老资源，提高资源利用效率，推动全面建成小康社会，政府致力于打造健康中国，探索和推广各种医养结合模式，并制定了相应的政策支持。《国务院关于加快发展养老服务业的若干意见》（国发〔2013〕35号）指出，要"积极推进医疗卫生与养老服务相结合，推动医养融合发展，各地要促进医疗卫生资源进入养老机构、社区和居民家庭"。《国务院关于促进健康服务业发展的若干意见》（国发〔2013〕40号）指出，要"推进医疗机构与养

老机构等加强合作。在养老服务中充分融入健康理念，加强医疗卫生服务支撑"。《国务院关于推进医疗卫生与养老服务相结合的指导意见》（国发〔2015〕84号）则提出了医养结合的基本原则、发展目标、重点任务和保障措施，以进一步推进医疗卫生与养老服务相结合。党的十九大报告中进一步明确提出的"积极应对人口老龄化，构建养老、孝老、敬老政策体系和社会环境，推进'医养结合'，加快老龄事业和产业发展"。

当前，"医养结合"模式已在多个城市进行试点，取得一定成效。"医养结合"的模式大致分为三种类型：在养老机构内开设医疗机构、在医疗机构内开设养老机构、养老机构与医疗机构合作。"医养结合"模式将医疗资源融入养老服务之中，省去了中间环节，大大节省了照料成本和医疗开支。从内涵上说，"医养结合"超越了传统理念中只强调提供养老服务的单一模式，更加注重养老服务与医疗服务的融合，满足了老年人群的特殊需求，提高了老年人生活质量。作为社会养老的一种创新模式，"医养结合"模式应该成为发展中国特色养老事业的必然选择。

（一）"医养结合"养老模式发展存在的主要问题

第一，政府多头管理，职责不够明晰。从业务范围看，养老保障业务由民政部门、人力资源和社会保障部门主管；医疗保障业务的主管部门除民政部门、人力资源和社会保障部门外，还有卫生部门。从机构管理看，各级养老机构隶属于民政部门管辖，医疗机构隶属于卫生部门管辖，医疗保险费用报销事宜则由人力资源和社会保障部门主管。政府管理出现了民政、卫生、人力资源和社会保障等部门的多头管理的体制，也易出现职责、权力、利益之间的矛盾和冲突。

第二，"医养结合"监管体系不够健全。国外尤其欧美国家，多已建立了全面的老年医疗照护监管体系，通过严格监管，提高养老质量。我国"医养结合"尚缺乏明确的监管体系。主要是监管标准不完善、项目条件不足、医疗隐患多、监管职能交叉等方面的不足或缺失。

第三，"医养结合"机构未形成完整的准入、评估机制。养老服务管理需要多方面行业标准体系的支撑，例如设施标准、服务标准、价格标准等。然而当前养老市场未建立严密的行业管理与认证体系。各地区医养结合养老模式的发展存在建设、收费、服务标准不一，管理不够规范，严重限制了"医养结合"模式的发展。

第四，"医养结合"养老模式人才队伍建设不足。"医养结合"模式作为医疗与养老相结合的一种专业化的特殊服务，需要具有不同专业背景、经过系统培训的专业人员。目前，养老行业和医疗行业，都缺乏从事老年人医疗护理的专业人才，是限制两者发展的主要问题。老年医疗、护理、康复机构的人才的培养问题尚未得到足够重视，专业照护从业人员数量不足、人才质量不高、能力不强，不能满足老年人口不断增长的多元化需求，供需失衡突出。

第五，学界对"医养结合"模式的研究不足。在逐步进入社会老龄化大背景下，"医养结合"养老模式备受关注，成为学界研究热点。但国内医养结合研究起步较晚，尚处于探索期。多数研究为案例分析，探讨各地医养结合的试点实践成果、存在问题并提出建议，缺少全国性"医养结合"养老模式的统筹研究。国内研究数量较少，缺乏理论性系统研究，理论探讨不够深入。同时，学者一致认为医养结合机构的监管、准入、审核、评估存在不规范现象，甚至严重匮乏，从而制约了医养结合养老模式的发展。但学者提出的改进建议比较笼统，缺少具体措施。

（二）推进医养协同发展的建议

第一，推进具有中国特色、跨部门的"医养结合"养老模式制度建设。设立高一级的统筹管理部门，协调养老医疗资源，建立统一完善的养老和医疗配套政策。厘清明确下属相关部门的职责权限，例如由卫生部门负责制定医疗机构准入和医疗行为的监管制度；由民政部门负责制定养老机构注册及其资质准入制度以及纳入医保的资质标准。相关部门加强合作，根据职责权限，分别修订关于养老和医疗资格准入、机构规范、行业管理等相关政策，从执行层面推动"医养结合"服务的统一和完善。

第二,健全"医养结合"监管体系。各级民政部门和卫生主管部门建立健全相关法规,设立监管制度,发挥自身监管主体的责任,鼓励社会各界监督各项标准和规划的实施。

第三,建立"医养结合"机构的准入、评估机制。加快研究制定和完善相关服务标准、设施标准和管理规范,制定因病托老机构的建设标准,建立等级评定制度及评估制度,进而制定"医养结合"服务机构的准入、退出机制,规范"医养结合"服务市场行为,确保规范运营。在"医养结合"机构的准入条件上,建议鼓励民间资本举办规模化、连锁化的养老机构,降低民间资本和社会力量创办养老机构的门槛,简化手续、规范程序、增加补贴,减少民间资本和社会力量投资"医养结合"养老服务的成本。

第四,加强"医养结合"养老模式人才队伍建设。开展多层次养老护理教育,增加老年护理的相关知识和专业训练;提供行业补贴,增强行业吸引力。除了传统的高校、高职高专、中专等职业教育体系,还可以在老年大学增设老年护理专业,增加对老年护理的培训资金投入。

第五,深入开展对"医养结合"养老模式的学术研究。在研究视角上,探索多学科、多理论的交叉运用,从跨学科的视角,多维度对研究对象进行分析和探讨。加强理论性系统研究和国外经验本土化的研究。加强"医养结合"机构的监管、准入、审核、评估方面的研究,提出有可操作性的建议。开展"医养结合"创新模式的研究及现有模式成效的研究。

第二篇

观察及走访案例

案例1　悉心关怀提供医护服务

饶有英（78岁）、唐照光（86岁）夫妇是2014年"家庭病床"模式开展后服务的第一户人家。饶有英退休前的职业是教师，可能在思想上比他人更能够接受这种上门诊疗模式，因此成为"家庭病床"模式第一个"吃螃蟹"的人。饶有英家里情况比较特殊，子女有的在英国有的在我国香港工作，都不能频繁回家照顾两位老人。与此同时，饶有英瘫痪了，而她的老伴唐照光情况更甚，长期处于重度昏迷，因此上门看诊这种方式对于他们来说是一项切实能够体会到便利的新举措。饶有英的子女为她夫妇二人雇了一对夫妻为她二老的生活起居进行照料。而当时保姆夫妻二人只能够进行简单的生活料理，对于老年疾病的日常护理一窍不通。

在饶有英"建床"以后，随着家庭医生上门进行诊疗服务，饶有英老两口的生活也发生了巨大的改变。家庭医生的上门诊疗，使得行动不便的饶有英不用再为去医院排队看病而发愁。同时，在家庭医生的指导和教授下，保姆夫妻二人也能够对老两口的疾病进行日常护理。唐照光虽然植物生存状态，但是保姆依照医生的指导，对其护理得比较好，对其定期拍背，老人没有褥疮也未发生坠积性肺炎，现在唐照光偶尔还会醒来，病情比较稳定。

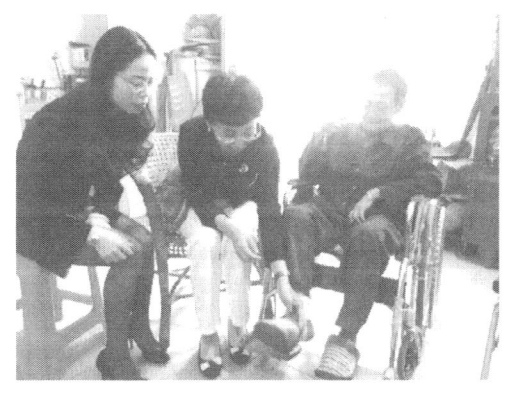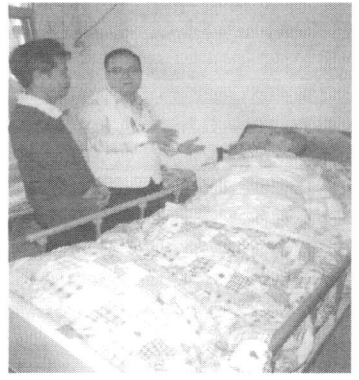

课题组一行看望饶有英（78岁）唐照光（86岁）夫妇，了解其对家庭病床的满意度

案例2　寻找病因实现对症医治

凌祥清（85岁）、黎月洁（78岁）夫妇，这二位老人同时患有糖尿病和高血压，这对于许多老年人都是很常见的疾病，日常吃药只能够在一定程度上缓解病情，而想要真正改变，则需要患者本身在生活行为和饮食习惯上配合。在"家庭病床"模式开展之前，这两位老人病情反复发作，且精神状态不佳，不愿意活动，之前每年至少住院3次。在家庭医生上门诊疗后，两位老人的血糖和血压都得到了有效的控制，病情也更加稳定了，去年只住院1次，住院原因还是意外跌倒，两位老人甚至连脚上的创口也得到了较好的愈合。这是为什么呢，怎样会产生如此大的变化呢？

原来是家庭医生在上门诊疗后，通过长期的观察和沟通后，发现两位老人喜欢在早晨食用糯米制品，由于这种食品饱腹感强，他们常常在早上食用后，午饭和晚饭吃得很少，这样导致血糖忽高忽低，等到饿了的时候，再次食用这种食品。长期以往的饮食习惯，使得两位老人血压和血糖不稳定，精神状态低迷，自然也不愿意活动。在找到这个症结后，社区医生与两位老人以及他们的保姆进行了长期的沟通和开导，他们逐渐改变了这种不利于健康的饮食习惯，身体状况也有了好转。

 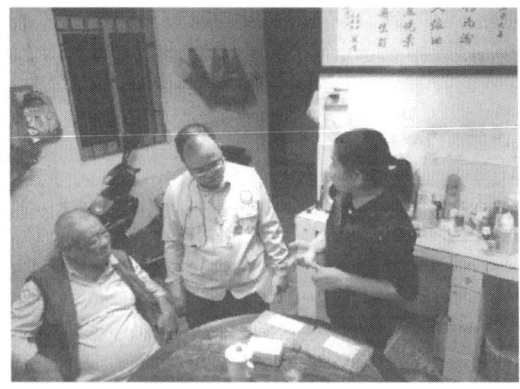

家庭医生为凌祥清（85岁）黎月洁（78岁）夫妇在家中诊疗、送药物并指导用药

案例3　定期诊疗有效监测干预

　　黄惠英（80岁）老人，曾任光明新区妇联主任，老人表示，这种模式的开展给他们带来了很大的便利。她举例说，之前她去我国香港探望子女时，邻居的一位老人在香港看病，毫不夸张地说，老人都是早上5点出发到医院排队挂号，再排队就诊，排队缴费，排队取药，等到一次诊疗结束老人下午5点才能回到家。这是多么真实而又生动的例子。"看病难"一直是广大居民，尤其是老人的"心头大患"。有时挂错科室，还得重新再来，即便是现在有"老人优先"的就诊政策，这对于一个年事已高、行动不便的老年人来说，仍然是一项艰巨的"任务"。

　　这位老人说，在"建床"之前，她去社区卫生服务中心看病主要是走路前往，通常要花费半个多小时，而一次看病下来她基本上要花费半天的时间。现在家庭医生上门看诊，方便了许多，家庭医生不仅能够定期为她诊疗，观察她的健康状况，还能够教她一些基本的检测方法和保健知识。现在，她自己学会了测量血压和血糖，也更加注重日常锻炼，血压和血糖都得到了较好的控制。

案例4　及时送医助患转危为安

冯丽珍（85岁）老人家庭比较特殊，她的老伴是一名90余岁的参加过抗战的革命老同志，他们的儿女都在深圳市区内工作。冯丽珍患有妄想症，整夜无法休息，食欲不振。在参与了"家庭病床"模式后，家庭医生会定期上门询问和观察她的病情。课题组在参与性观察中巧遇在社区家床医生定期上门诊疗时，发现冯丽珍的情况比较严重，急需住院。这名家庭医生当即拨打120，并与上级医院进行沟通，将患者的病情和病史与住院医生进行说明和沟通。在家庭医生的协助下，冯丽珍在短短10分钟之内，就顺利被送往医院的精神内科进行治疗。她的家属都非常感谢这位家庭医生，他们说：如果没有家庭医生，他们不会判断患者的病情是否需要住院，也不知道如果要住院应该要去哪个科室，更不能和住院医生比较详细清晰地说明患者的病情。

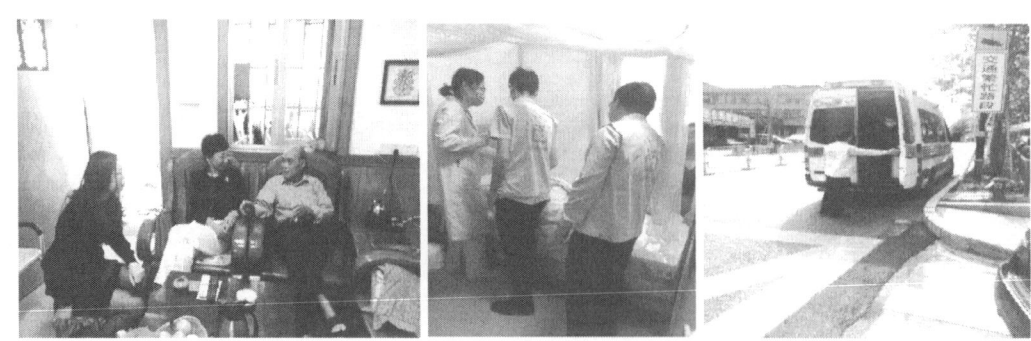

课题组与家庭医生同冯丽珍（85岁）老人家属交谈、协送急症的冯阿婆至中心医院

案例5　医养并举调整治疗方案

麦兰兴老人，今年已经82岁了，曾任光明卫生所所长一职，长期患有慢阻肺的她是医院住院部的"常客"，呼吸困难和胸闷让她彻夜难以休息。在参与"建床"后，起初家庭医生每周要上门2~3次来观察她的病情。在持续一段时间的密切观察后，社区家床科医生发现，这位老人家中卫生间离房间和客厅都比较远，老人去卫生间常常需要走一会儿，而老人身体的不适和行动的不便，在来回反复折腾后更加恶化了。发现这个问题后，家庭医生及时地和老人的保姆沟通，表示让老人就近解决，减少不必要的走动和消耗，以防加重她的病情。另外，家庭医生还辅以中医疗法，对麦兰兴老人的身体进行调理。现在，在医生的指导下，她已经可以自己操作吸氧机进行吸氧，能够自己测量血压血糖，病情也比较稳定了。

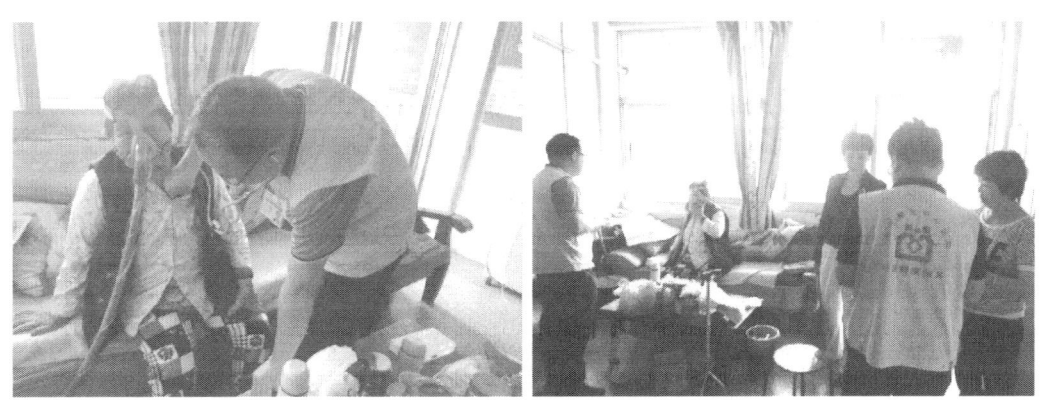

课题组参与性观察家庭医生为麦兰兴（82岁）老人在家中进行定期诊疗

案例6　科学指导构建宜居环境

在参访前，家床科罗医生告知我们，曾外良（82岁）、黄亮明（87岁）这两位老人原来是由他们社康中心负责的，但是后来片区划分的更加细致后，两位老人就交由别的社康中心的医生负责了，但自己有时间还是会经常过来看看两位老人。

曾外良、黄亮明这两位老人的情况比较特殊，他们家庭条件比较好，儿子与他们住在一起，但是由于白天经常要外出上班，因此，不能够全天都保证对两位老人照顾。儿子为他们老两口雇了两名保姆，分别照料两位老人。一开始，保姆并没有意识到生活环境对于老年人的健康影响。罗医生回忆道，初次登门时，家里的环境比较乱，卫生条件也比较差。家庭医生及时与保姆沟通，和他们讲解生活环境的重要性，还请上级医院的专家一同上门，为黄亮明进行膀胱造瘘，极大地改善了他们的生活质量。

这次前来巡诊时，家床科罗医生发现了黄亮明身体不适，状态不佳。在仔细观察和一些体察后，罗医生立即联系了现在负责该社区"家庭病床"的家庭医生，向他讲述病情，并请他尽快过来诊疗和处理。

课题组与巡诊家庭医生随诊，入户曾外良（82岁）黄亮明（87岁）夫妇家

案例7　因地制宜优化服务模式

归侨老人刘王姑（82岁），这位老人曾经是越南华侨，经历了"排华"事件后回到了祖国的怀抱，在回归祖国后，国家给予了归侨许多福利政策，并将归侨们统一安置在深圳光明新区。以前她是罗医生负责片区内的建床老人，在各社区社康中心成立后，这位老人转由凤凰社康中心负责。本次探访中，老人和保姆都反映近来三周都没有巡诊医生上门诊疗服务，仅有护士进行每周照例送药。罗医生立即打电话与凤凰社康中心的医生进行情况反馈和确认，并请负责巡诊的郑医生尽快过来。

在随后的交谈中，我们了解到，郑医生也有自己的"苦楚"。凤凰社康中心虽然建床的老人不多，一共4户，但是这对于人手短缺的凤凰社康中心也是比较繁重的任务。原来，凤凰社康中心共有2名医生、3名护士，但是，随着一名医生的"援疆"，该社康中心的诊疗任务基本落在郑医生一人肩上。平时社区诊疗的各项事务他需要一一参与，此外，还要对建床老人进行上门巡诊。即便如此，郑医生也在到来后向刘王姑老人表达了歉意，承认了自己工作的不足。目前，凤凰社康中心也在积极物色新的医生来填补人力资源的缺口，但是还需要一段时间。

2018年11月初，课题组再次回访老人时，老人反馈家庭病床服务较之前有了明显改善，凤凰社康中心4人都配有电动摩托，方便家庭病床巡诊。

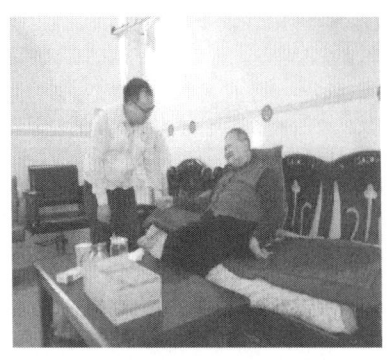 

课题组随同家庭医生巡诊刘王姑（82岁）老人家（右）　　课题组再访刘王姑老人与老人及其保姆交谈、了解其对家庭病床满意度（左）

 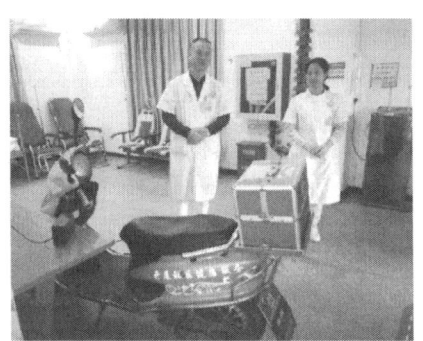

课题组走访凤凰社康中心，为方便家庭医护人员山区巡诊配备了电动摩托车（正在充电）和车载药箱的凤凰社康中心

第三篇

"医养结合"学术与实践

第一章 "医养结合与老龄事业和产业发展"实践报道

践行"医养结合与老龄事业和产业发展"四川篇

中国卫生经济学会老年健康专业委员会主任委员王红漫教授在四川调研、考察并座谈,并与四川省医养结合一线交流。就四川成都医养结合养老模式及相关试点的发展进行了调查研究。

距2017年12月的中国卫生经济学会老年健康专业委员会第一次学术年会已一月有余,为践行"医养结合与老龄事业和产业发展",学会主任委员王红漫教授于2018年1月17—22日,在四川调研、考察并座谈,并与四川省医养结合一线交流。

此次,王红漫教授重点考察积极老龄化,与四川省社科院、成都医学院、成都理工大学健康传播、医疗卫生、区域经济领域的中青年学者座谈,并走访了四川养老与老年健康协同创新中心、成华区第六人民医院、成都市慢性病医院等处,就四川成都医养结合养老模式及相关试点的发展进行了调查研究。

在成都医学院,王红漫教授认真听取了四川养老与老年健康协同创新中心副主任李茂全研究员与办公室主任林琳副教授的介绍。据李副主任介绍,该中心是以成都医学院作为牵头单位,协同四川大学华西医院、成都中医药大学、四川省人民医院、四川省社会科学院、四川省合佳盛投资管理有限公司等单位,于2013年1月正式启动建设,同年9月被四川省教育厅、四川省财政厅认定为第一批"四川2011协同创新中心"。自获批以来，中心汇集了省内养老与老年健康领域科学研究、人才培养、社会实践、临床医疗的最优良资源，围绕老年健康问题，逐渐形成了"人才培养、科学研究、社会服务、临床治疗、学科建设"的五位一体发展战略，在校企合作、科学研究、人才培养、老年医疗等方面，都迈出了扎实步子。为确保协同创新中心工作顺利推进，成都医学院专门制定了《关于支持"四川养老与老年健康协同创新中心"建设发展的意见》，明确提出学校将大力支持中心在老年医学和老年照护人才培养、老年医学学科群建设等方面的创新，优化中心的学术环境，给予中心在争取国家及四川省人才支持计划、人才培养计划、对外交流合作、重大研究任务、基地与平台建设等方面的优先支持，并全力提供中心发展所需的人力、财力、物力等保障。为此，该中心做了机制体制创新，其理事长由学校校长担当，并依托中心成立了独立法人的有限公司来管理成都医学院大学科技园，现已有31家公司入园。王红漫教授结合该中心的具体情况，就养老专业人才培养、老年学科专业建设、医养结合有效途径等问题进行了深入交流。

王红漫教授在成都医学院四川养老与老年健康协同创新中心调研

在成都市成华区第六人民医院（康穗养老中心），与一线工作人员和入住中心的老人零距离交流。据悉，该院成立于1957年，是政府举办的公立医院。2011年医院被成华区选定为"医养结合"试点单位，启动以老年病专科为重点的转型工作，积极探索集医疗卫生、康复养老于一体的"医养结合"全新服务模式。该院作为基层医院，现有开放床位289张，专业技术人员70余人（其中，中高级职称14人），原本面临着较大的生存压力，自开展医养结合工作以来，养老床位使用率达到95%。该院成功地申请了"一院两证"，既有医疗机构执业许可证，又有民政部门颁发的养老机构设立许可证，除开设有内、外、中医、口腔、专家门诊、特殊门诊、中医康复、影像科、检验科等常规业务科室外，设立了专门为医养结合服务的老年病专科、心血管专科、中医康复科等特色科室，开展以老年病为主的"大专科、小综合"业务，主要收治、收托患有慢性疾病需长期治疗或监护的老年人；在上级医院急性期治疗完成需后期康复的患者；肿瘤晚期临终关怀及失能、半失能的老人。设立有独立的医疗区与养老区，实行医院与养老中心"双轨制"运行的模式，年均服务门急诊及老年患者5万余人次。王红漫教授听取了该院汇报，并深入生活托老区、托老住院区进行了实地走访，对基层医院在实践中摸索医养结合的实干精神给予了高度评价，认为其"医中有养、养中有医"的医养融合方式在地方医院有现实的意义，并表示将给该院提供相关的理论与实证支持，促进该院工作进一步提升，让该院上下倍受鼓舞。

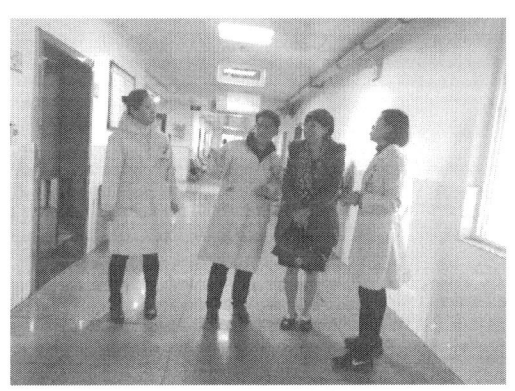

王红漫教授在成都市成华区第六人民医院（康穗养老中心）调研

在成都市第八人民医院（成都市慢性病医院、成都市老年服务示训中心），王红漫教授与医院副院长刘敏及医护人士和行政人员进行了深入交流，了解到，该院占地147亩，毗邻近千余亩森林的成都市植物园，是成都市唯一一所以老年病、慢性病为主，集医疗、科教、康复、保健、照护和培训为一体的市级公立医院。其医养结合工作经历了三个阶段的跨越发展，早在2006年医院重点打造老年康复医学科、临终关怀科、神经内科三大特色科室，开始探索针对老年、慢性病失能患者的"医护养康一体"的医疗服务模式；2014年医院提出"走出去，用医疗资源覆盖社区和养老机构，推进医养融合"的发展思路，在成都市率先搭建"医养联盟"，探索新型"医养结合"模式；2017年医院结合老年人的服务需求，将"医养结合"服务模式进一步升华，在院本部形成了医疗、康复、宁养、照护、疗养、健康管理"六位一体"的新型服务格局，目前已形成以院本部为核心，院外向社区、养老机构、护理院等辐射的立体网状"医养结合"模式，走出了一条"医养结合"成都模式的创新之路。在座谈交流后，王红漫教授实地参观、走访了医院医疗区、照护区、宁养区、康复区、疗养区、健康管理区六大功能区域以及具备卫生和人社双重资质，可以开展护理员、养老护理员专业培训及鉴定的培训区。王红漫教授在成都市慢性病医院暨成都市老年服务示训中心考察走访了康复科、临终关怀科、老年服务示训中心等部门，还分别与科室负责人、分管医生、护士等一线医护人员进行了访谈和交流。

王红漫教授与成都市慢性病医院副院长刘敏等进行交流

在四川调研过程中，王红漫教授一行不仅了解到了成都医养结合工作开展的情况，还与当地专家、医疗工作者共同探讨了老年健康领域、医养结合工作的思路和办法，希望能够推动医疗卫生与养老服务在实践中有效结合，服务于积极应对、科学应对、综合应对我国人口老龄化。

（来源：《中国医院院长》2018-01-26）

践行"医养结合与老龄事业和产业发展"广东篇

中国卫生经济学会老年健康专业委员会主任委员王红漫博士会同广东省卫生经济学会陈星伟会长对广东省健康老龄化调研。

临近春节，很多人已经做好准备，迎接新一年的到来。但中国卫生经济学会老年健康专业委员会主委北京大学王红漫教授的忙碌的脚步却未停歇。2018年1月26日至2月1日，王红漫教授到达广东省，会同广东省卫生经济学会会长陈星伟对广东省健康老龄化调研。

王红漫主委（中国卫生经济学会老年健康专委会）、陈星伟会长（广东省卫生经济学会）、孔抗美副秘书长（广东省医院协会）对广州市第五医院、深圳新区医疗集团中心医院院区光明社区健康服务中心、光明护理院、"互联网+"健康产业部门考察，并与广东省家庭医生协会会长、广东省医院协会秘书长、广东医科大学护理学院院长、广东医科大学人文与管理学院院长、广东医科大学附属医院副院长、广州中医药大学第一附属医院副书记、广州医科大学附属第五医院院长等专家、学者、医务工作者、实业人士就老年健康、医养结合、城乡统筹医院绩效管理、再生医学等情况进行座谈。

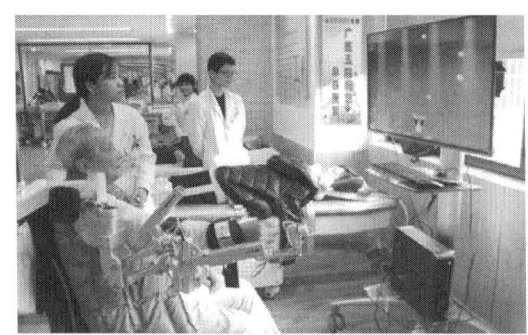

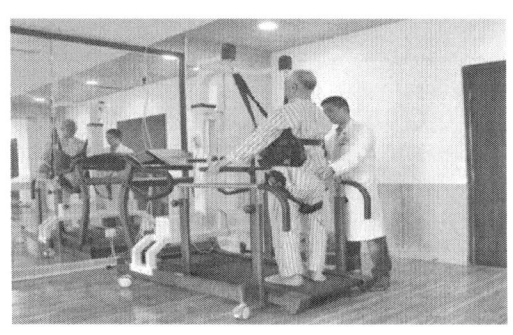

在广州医科大学附属第五医院，王红漫、陈星伟等专家一行实地参观了医院老年·康复病区，重点调研了与黄埔区老人院通力合作的"上居下医"医养结合模式的运行情况。医院杨宁副院长等相关人员陪同考察，随后调研组一行与周新科院长、人事培训科班莉科长、康复医学科罗庆禄副主任一起座谈，并听取了周院长对广医五院的介绍。据悉，广医五院是目前广州市第一家完全公益性质的，公办养老院与三级公立医院合作推进"医养结合"模式的医院，将养老和卫生两方面资源的有机共享与统一，让老人家"老有所医、老有所养"。医院与黄埔区老人院很早就建立了友好的合作关系，在广州市和黄埔区政府的鼎力支持下，广医五院管理的老年·康复病区历时两年筹建布置后成功运行，老人身体不适可以直接搭乘电梯去2楼就诊，需要进一步医疗护理及治疗的就近在3~4楼住院，再也不用舟车劳顿去看病，为老人家提供了极大的便利。同时，广医五院引入了一批当今康复治疗领域的先进器械，包括Bio Master

虚拟情景互动评估与训练系统、上肢机器人、下肢智能反馈训练系统、言语认知功能障碍评估及训练系统、MOTOMED运动训练仪、智能关节康复器、吞咽治疗仪等，帮助老人家进行康复训练，从而促进他们最大限度地恢复健康，重返家庭与社会。在充分了解我院医养深度融合的推进后，王红漫主委认为，医疗机构与卫生计生局、医保局、民政局等政府部门结合，会具有较强的可持续性和发展性；同时，她指出该模式具有院前服务优质化、日常保健规范化、疾病诊疗快捷化等几大特色；医务人员的用心则更是有效实现"家人省心""老人安心"提升多方满意度的着力点。

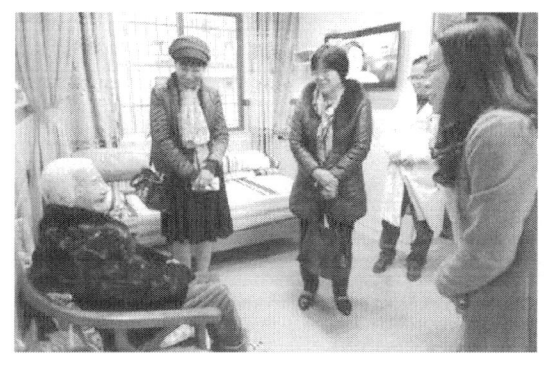
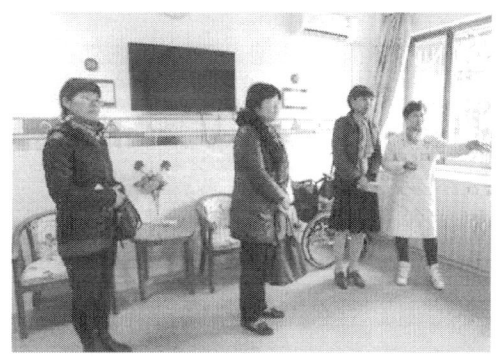

调研组一行在深圳新区医疗集团中心医院院区光明社区健康服务中心、光明护理院考察，了解家庭医生上门巡诊交通工具、社康中心中医馆适宜技术开展情况，以及光明护理院的内外环境、设施设备等，并探望了入住老者。随后在座谈会上，新区医疗集团决策专家委员会王利玲副主任向调研的一行专家重点介绍了光明新区融家庭病床、护理院、社区日间照料中心为一体的、主动对接各层次与类型老年慢病患者养老需求的工作特色。

其中，自2014年起，共建立家庭病床1 573张。2017年成功创办深圳市首家公立医疗机构"医养融合"护理院。据悉，光明新区60岁以上户籍老年人占新区户籍人口总数的12.3%，辖区老年人、慢性病患者就医问题凸显。光明新区医疗集团坚持民生需求导向，强化医改牵引，充分挖掘社康中心"全覆盖"潜力,转变社康卫生服务模式,先行先试,积极构建医养融合服务新模式。(1)家庭病床:让患者在熟悉的家中接受医疗和护理,为居家老年人和慢性病患者提供贴心、便捷、安全的医疗服务。(2)光明护理院:满足了丧失生活能力老人的长期医疗与养老需求,2016年年初光明护理院分别获得市卫计委、新区社会建设局的同意设置批复,2017年正式开业,目前共收治21名需要长期护理照护的老年人。

(来源:《中国医院院长》2018-02-05)

践行"医养结合与老龄事业和产业发展"丽水篇

中国卫生经济学会老年健康专业委员会"积极老龄化理论与实证研究课题组"对浙江省丽水市老年健康、医养结合与老龄事业和产业发展进行调研,并与丽水市政府及相关职能部门领导进行座谈交流,同时就"两山理论、健康中国"积极老龄化丽水模式具有样本意义而达成共识。

距离2018年春节仅有一周多的时间,中国卫生经济学会老年健康专业委员会的调研脚步并未停歇,2月5日学会主委王红漫教授、委员黄刚一行人开始了为期7天的浙江省丽水市老龄化调研工作。调研组一行不仅对丽水医养结合与老龄事业和产业发展工作开展的情况进行深入的了解,还与当地政府、专家、医疗工作者等相关人士针对"老年健康、医养结合、积极老龄化工作"的思路和办法进行深入探讨,希望以实际行动推动"医疗卫生与养老服务在实践中有效结合,服务于积极应对、科学应对、综合应对我国人口老龄化,服务于健康中国"目标的实现。

调研组一行对丽水怡福家园、丽水市人民医院、龙泉市阳光老年福利中心、青田和谐之星敬老院进行了重点考察,走访了龙泉市长寿之村下樟村、仙仁村,并与丽水市生态休闲养生(养老)经济促进会、丽水市政府副秘书长、市发改委、市民政局、市卫生计生委、市旅委、市人民医院主要领导进行座谈,参考国内外积极老龄化经验和教训,结合丽水老龄化态势,对丽水模式提出了建设性建议与意见。

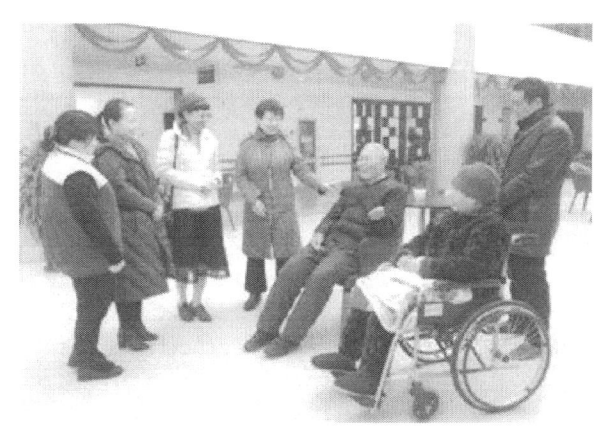

调研组一行考察丽水市怡福家园与80岁以上老人访谈

此次调研第一站考察丽水市怡福家园,这家开业于2017年12月的养老院,由丽水市民政局投资建设,交由浙江省唯康为老服务发展中心经营,设计床位604张,硬件设施齐全,是丽水市目前最为高端的养老院。在怡福家园,调研组进行了实地考察,并和养老院负责人姜兰芳女士就养老问题进行了深入探讨。王红漫主委建议养老院在满足当地老人怡养及空间充足的行有余力之时,应开展异地养老服务,并将"居养家庭化、护养精细化、医养专业化"作为未来工作的着力点。

在浙江省丽水市人民医院考察调研期间,医院组织了丽水市老龄办领导、养生养老相关院领导、职能部门负责人、学科带头人参加的交流会,会上医院介绍了医院概况,并重点介绍了中国医养整合联盟设立背景、丽水市养生养老现状、医院在医养整合工作上的优势和当前开展医养整合工作中遇到的问题。丽水市人民医院成立于1937年9月,其前身为浙江省第一临时辅助医院。2011年成为三级甲等综合性医院,是温州医科大学附属第六医院、丽水学院附属第一医院、丽水市中西医结合学会挂靠单位。医院开放床位1 463张,2015年底开工的在建项目东城院区位于丽阳街与凉塘路交叉口西南侧区块,总用地面积70 976平方米,单体建筑面积15万平方米,设计床位800张。医院医联体拥有云和分院、莲都分院、庆元分院、遂昌分院、龙泉分院、丽水市眼耳鼻喉医院、丽水市口腔医院、丽水市市民健康教育学校、司法鉴定所、重症医学研究所、健康管理研究所、畲族医药研究所等多个下属机构。医院在2017年11月18日、19日举行了首届中国整合养生学论坛暨中国寿乡联盟养生医学学术研讨会,会议期间成立了中国医养整合联盟,联盟总部和秘书长单位设立在浙江省丽水市人民医院。联盟成立后,对医养结合工作进行了积极的探索。王红漫认真听取了汇报,她对我国当前的养生养老形式进行介绍,提出结合"养、护、医"流程,指出要健全老年医学科,要整合当地各方资源,建立丽水养老模式,让老年人健康幸福安全地度过晚年,并以此推动医养整合发展的平衡点。交流会上,丽水市老龄办主任朱雪飞向调研组汇报了丽水老龄化和养老情况。

黄刚委员介绍浙江省丽水市人民医院在积极老龄化领域开展的相应工作

医院院长黄刚(中国卫生经济学会老年健康专业委员会委员)在表态发言中表示,医院在医养整合中要有具体定位,要承接养老机构中的紧急医疗救援任务,要培养养老服务人员,开展养生保健工作,积极应对老龄化社会。

调研组一行与龙泉市阳光老年福利中心90岁以上老人访谈

在龙泉市阳光老年福利中心，调研组认真听取了中心主任周友宪的介绍，详细了解了中心运营情况、养老服务队伍建设。结合福利中心的具体情况，并就养老产业发展趋势、养老运作模式、老年人长期照护保险、养老工作存在的困难等进行了深入交流。在座谈交流后，调研组实地参观了福利中心老年公寓、老人院以及二期工程（特护中心），并与住养老人亲切交流。据龙泉市阳光老年福利中心周友宪主任介绍，福利中心是集养老养生、活动娱乐、健身康复、休闲居住等多项服务功能于一体的综合性老年人休养场所，设有健康老人休养区、失能老人护理区、失智老人护理区，共有床位610张，目前入住率达95%，为老年人提供了很好的医疗保健、活动娱乐、健身康复、休闲居住等服务。

调研组一行慰问青田和谐之家敬老院90岁以上老人　　**老人的手工作品**

在青田和谐之家敬老院，调研组与老人们亲切交谈，详细询问老人身体状况、居住环境情况、饮食情况，深入到老人们的寝室、养生会馆、爱心义卖室实地查看。王红漫主对敬老院在爱心工作及其建筑与农业科技结合为老人服务等方面表示肯定和高度的赞赏。据悉，该敬老院现有入住人员110余人，服务对象为无依无靠的孤寡老人、儿童和残疾人。敬老院主要有三个方面特色：一是敬老院完全由民间捐资兴办，在院费用全免；二是兴办者热心慈善事业，积极筹措善款，志愿者无私奉献，体现了"以人为本"的理念和人道主义精神；三是敬老院让有劳动能力的老人从事来料加工、种菜、饲养生猪等，既能给老人解闷、活动筋骨，又能增加收入，增强敬老院的自我造血功能。

调研组一行与丽水市生态休闲养生（养老）经济促进会主要领导会晤

调研组在丽水市生态休闲养生（养老）经济促进会办公室和焦光华会长、朱土兴常务副会长就丽水养生养老现状和发展方向进行了深入的交流探讨。双方一致认为，目前养老模式及养老建筑都有待于深入研究，养生养老需要政府、学术研究者、从业者等多方努力，共同推进。

针对此次调研活动，丽水市人民政府召开了专题座谈会，座谈会由丽水市政府林宇清副秘书长主持，市发改委、市民政局、市卫计生计生委等部门相继汇报相应工作，并就医疗条件、老龄化情况、养老产业发

展、医养结合、生态休闲养生（养老）、森林康养、老龄产业等进行了深

调研组一行与丽水市人民政府及其相关职能部门座谈

入交流。王红漫对丽水在健康城市建设、老年健康领域取得的成绩给予了高度评价，她指出："2006年，习近平总书记在主政浙江期间，提出'绿水青山就是金山银山，对丽水来说尤为如此'的指示。地支一轮，我先后三次考察乐见丽水落实'两山'理论可喜成绩，秀山丽水、养生福地、长寿之乡，具有样本意义"，王教授同时提出了宝贵的建设性意见，建议相关部门完善顶层设计，强化组织领导，借鉴全国各地和国际先进经验、措施，进一步提升提炼出丽水健康城镇建设老年健康模式，老年健康专委会与当地政府理论与实践结合共同开创丽水医养结合模式新局面，向世界展示新时代的健康中国。据统计，至2017年年底，丽水市60岁及以上老年人口51.4万人，占总人口的19.17%，人均预期寿命高达79.97岁，高出全国平均水平（76.34岁）。

深入交流后，在林宇清副秘书长的主持倡议下，对王红漫提出的"绿水青山、健康中国、养生福地、长寿之乡"积极老龄化丽水模式达成了共识，并对下一步工作进行了初步商议提出了阶段性时间表和路线图。

（来源：《中国医院院长》2018-02-26）

践行"医养结合与老龄事业和产业发展"山西篇

2018年5月6—11日,中国卫生经济学会老年健康专业委员会主任委员王红漫教授(北京大学)、委员程景民教授(山西医科大学)启动山西省医养结合调研工作,开展山西省医养结合实证研究,服务健康中国。

山西医科大学聘请王红漫博士为客座教授,聘任仪式后,王红漫教授个人向山西医科大学赠书并应邀为管理学院师生做了以"老龄化进程中全球公共卫生面临的挑战与对策"的主题讲座,讲座后与师生进行了互动交流、带教山西医科大学卫生管理学教研室师生展开为期一周的实地科研教学。

王红漫主委做"老龄化进程中全球公共卫生面临的挑战与对策"主题讲座

此次调研走访了山西省精神卫生中心老年科、太原市德兰老年养护院、晋中市第一人民医院、运城市社会福利院老年公寓、祥贤居康复护理院、永济市福乐园老年公寓及赵杏村日间照料中心等处,就山西省医养结合模式及相关机构发展情况进行了详细深入的访谈和调查研究,启动山西省养结合与老龄事业和产业发展实地调研。本次调研重点考察山西省医养结合机构管理机制和运行现状。

王红漫主委、程景民委员与山西医科大学管理学院师生交流留念

在山西省精神卫生中心老年科李丽珠主任（中共十九大代表）的陪同下参观了山西省首家针对失能、失智老年人建立的医养结合机构——山西省精神卫生中心老年科。据李主任介绍，该机构自2000年成立以来，定位于服务广大老年精神障碍患者，针对高龄失能失智老人提供"诊疗—护理—康复"连续综合性服务和相关临终关怀服务。目前院内设有40余间病房，拥有80张医疗床位和100张养老床位，已累计接收了4 000多位老人，填补了省内养老机构不接收老年精神障碍患者的空白。

随后，调研组一行在太原市德兰老年养护院考察，太原市德兰老年养护院作为集医疗、护理、康复于一体的老年服务机构，定位于服务失能、半失能老年人群体，机构内设有100余张床位，其中包括高智能化的多功能护理床位，所有居室都实行全天候数字化技术管理。养护院内不仅设有综合医疗服务区、活动室、图书室，还设有怀旧室、祈祷室、阳光房等特色空间，充分考虑到老年群体的心理需求，体现出人文关怀。王红漫教授听取养护院工作人员介绍的同时，实地走访了院内各功能区间，对养护院进一步发展提出了指导意见。

调研组实地考察山西省精神卫生中心老年科

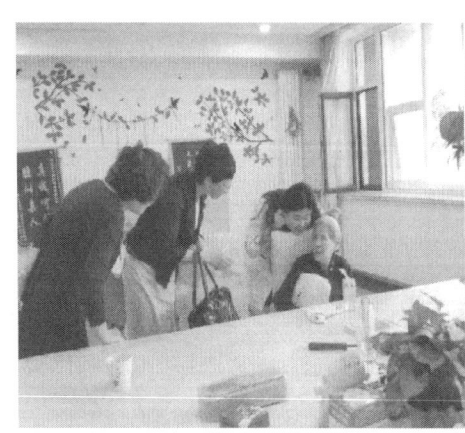
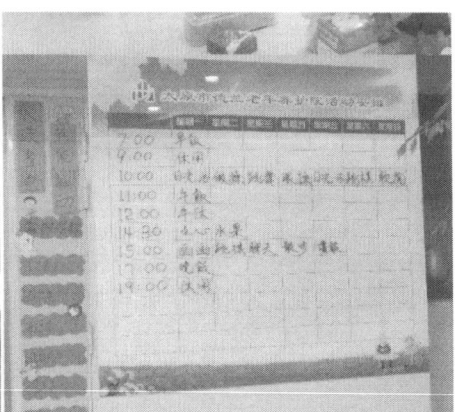

调研组在太原市德兰老年养护院调研

在晋中市第一人民医院新院区，王红漫教授考察了新型住院药品物流系统，对该系统在医养结合中的应用提出了更高要求，勉励系统研发推广人员继续深入研究，提高系统实用性，减轻广大住院老年患者及其医护和照料人员的负担。

在运城市社会福利院老年公寓，调研组与当地民政局康养科负责人及医疗工作者共同探讨了老年健康领域、医养结合工作的思路和办法，该机构占地面积15亩，是运城市唯一一所政府批准的、以慢病为主、集颐养、护理、医疗、康复、临终关怀等标准化服务为一体的市级公办养老机构，该院于2013年正式运营，设计床位151张，目前共入住124位老人，座谈结束后，调研组对于功能区、护理区、颐养区等部门进行实地走访，与老人们进行互动交流，乐见80岁以上老人"老有所为"，90岁以上老人"老有所乐"，在祥贤居康复护理院，调研组与一线工作人员和入住中心的老人零距离交流，陈喜艳院长介绍，该院于2016年6月22日正式开业运营，共投资6000余万元，占地近73亩，护理院床位60张，养老院床位66张，服务对象主要为慢病、失能失智老人，是运城市率先开展"医养结合"的医疗机构，是一所集医养护为一体的养老机构，同时与新农合、城镇职工医保对接。医院共有医生6位，康复师5位及护工19人，均经过专业业务培训后持证上岗，为老人提供全方位的生活照料及基础护理。此外，在座谈交流后，调研组实地参观，走访了院内一些常规业务科室，王红漫教授对于未来在保证"安全第一"的前提下，"致力于服务于更多老年人"的美好远景表达了展望。

调研组一行访谈运城市社会福利院并慰问80岁以上老人

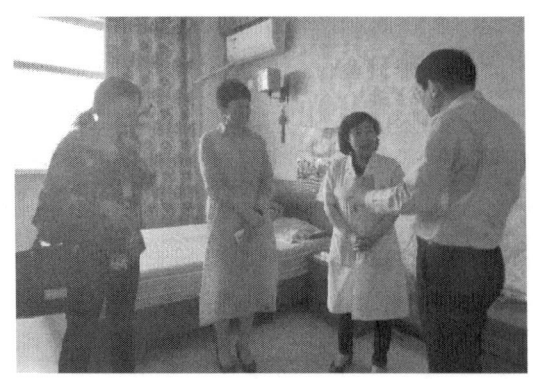
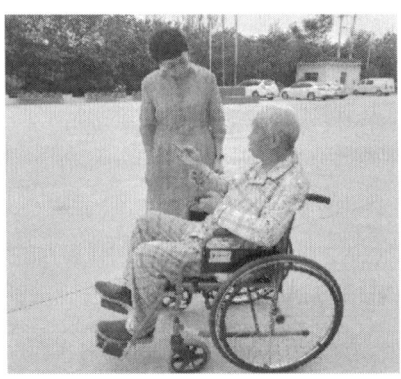

调研组考察祥贤居康复护理院与一线工作人员和老人交流

在永济市福乐园老年公寓，调研组与永济市民政局局长程振东及院长进行了深层交流并实地走访。据悉，该机构资金主要来源为民间投资，占地6900平方米，其中建筑面积为2680平方米，管理人员3人，护工共有6人，设计床位181张，目前入住老人118人，最大的已有96岁高龄，其中以农村老人居多，曾于2012年全运城市疗养机构评比中获得第二名的成绩，老年公寓主要有以下两个方面特色：一是该机构为永济市规模最大的非营利性民办机构；二是该机构实行服务人员工资改革，将服务项目量化，从而调动人员积极性。

此次调研最后一站是赵杏村日间照料中心，该机构位于永济市城北，交通便利，主要服务对象为村中留守老人，其中，政府每年给予该机构3万元的补贴，在考察过程中，调研组深入到老人们的餐厅、图书室、棋牌室等区域考察走访。

调研组一行在永济市调研走访座谈

老年健康专委会此次山西调研之行,不仅从文献上了解了山西省医养结合政策落地现状,而且还与高校学者、相关行业从业者深入讨论了健康老龄化背景下推行医养结合模式的思路和方法,通过商议初步达成了学界与实务界紧密合作意向,推动山西省医养结合进一步发展,王红漫教授结合国家相关政策和医养结合未来发展趋势,就医护人才培养机制、医养结合交流合作、分类指导原则下失能失智老人医养结合体制机制构建、高龄老人长护险等问题提出建设性意见和建议,并将在7月调研后与山西省政府相关部门对接,为促进和实现晋心晋力"老有所依,老有所养,老有所学,老有所为,老有所乐"的积极老龄化和健康中国2030规划目标建言献策。

(来源:《中国医院院长》2018-05-14)

践行"医养结合与老龄事业和产业发展"黑龙江篇

2018年5月28日—6月3日,中国卫生经济学会老年健康专业委员会主任委员王红漫教授(北京大学)、委员李胤经济师(黑龙江省卫计委)、委员陈宏院长(齐齐哈尔市第一医院)启动黑龙江省医养结合调研工作,开展龙江医养结合实证研究,服务健康中国。

此次调研采取实地考察、访谈、座谈政界、实务界、学界的方式进行。调研组走访考察了黑龙江省大兴安岭地区漠河养老养生院、漠河县中医院(漠河医养中心)、漠河北极村张仲景养生院、齐齐哈尔市百草养生院、齐齐哈尔市建华区颐和康宁护老中心、哈尔滨市道里区通江社区卫生服务中心、黑龙江海员总医院爱心护养院等处,就黑龙江省医养结合模式及相关机构发展情况与基层政府工作人员和实务工作者进行了详细深入的访谈，与省、市、行署的发改委、人社厅（局）、民政厅（局）、卫计委、老龄办等部门相关职能行政官员和医学院校专家学者、工作人员座谈。本次调研重点考察黑龙江省医养联合体模式、医养结合培训基地、医养结合老产业运营、医养结合机构管理机制和运行现状以及长护险试点运行情况。

调研组到达漠河县后，立即深入基层，对漠河养老养生院的设施配备、养老养生等情况进行实地考察。漠河县虽地处北极、气候寒冷，工作开展艰难，为将养老工作落到实处，2011年，由漠河县人民政府投资1 500万元建成占地面积9 962平方米的漠河养老养生院。该机构床位117张，工作人员19名（其中2名正式职工，17名公益岗位人员，月工资只有1 270元），内部设有图书室、台球室、乒乓球室、康复室、娱乐室等。养生养老院条件越，收费低，设备齐全，入住28名计划生育失独人员和其他老人，多为"三无"人员，入住率为30%，夏季旅游旺季，旅居式养老入住率为100%，旅居短居人员每间标准房费为120元，每人收取60元。调研组看望了居住的老人，与他们亲切交谈，询问了健康和生活状况，就目前存在的问题和今后的发展方向进行了深入的交流与探讨。县卫计局计划将中医院与漠河养生养老院结合形成医养结合体，申报《"南病北治、北药南用"健康旅居养老示范基地项目》，实现养老机构医养康复、医疗护理、休闲娱乐等一体化发展。王红漫教授现场介绍了国内兄弟省份几个地区先进典型工作开展情况，并对漠河养老工作提出几点建议，得到大家的高度赞同。

在漠河县北极村张仲景养生院，在高志军经理陪同下调研组参观了养生院的养生养老区、商务区、医疗区老年护理中心、营养餐中心、康复活动中心和老年娱乐活动等场所，据高志军介绍：在漠河县的支持下，2015年6月正式启用，养生院一期有三栋建筑组成，医疗护理床位180张，可承接250位活力老人的生活照料和专业康复护理及心理慰藉，养生院医疗区6月下旬至9月营业，近三年养生院共接待5 000余人，其中医疗区接待1 000余人，王红漫教授对公司中医养生理念以及发展前景给予肯定,并热情洋溢地说:"张仲景养生院借助漠河独特的地理环境以及夏季优质的气候条件和旅游平台,发掘养老市场潜力,开发养老旅游产业,但不要忘记回馈当地百姓,为当地政府分忧"。

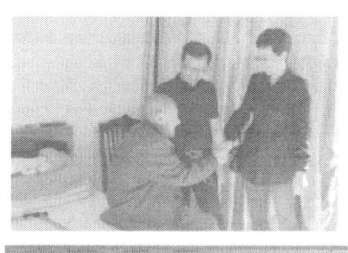

调研组考察漠河养老养生院并慰问90岁以上三无老人

漠河县中医院/漠河医养中心(民营 2017年11月开业)调研组下午5:30走访时该院(中心)工作人员已经下班

在漠河北极村张仲景养生院有限公司,调研组考察医养结合产业运营

考察后，调研组对漠河县卫计局李建蒙副局长进行了深入的访谈，并召开了座谈会，大兴安岭地区行署计划生育协会副会长、漠河县主管卫生计生林业局副局长以及民政局、卫生计生局副局长、社区卫生服务中心主任等相关同志参加了座谈。通过实地考察、座谈、访谈，了解到：目前漠河县以居家养老为主，社区卫生服务中心为居民都建立了健康档案，对重点人群提供上门巡诊、中医体质测试、健康讲座和康复理疗服务。60岁以上老人在医院可享受免费体检，发现问题及时进行治疗。漠河县地处偏远，最低气温$-52.3℃$，年均气温在零下$3.8℃$，无霜期90天左右，昼夜温差较大，也是导致心脑血管疾病高发的重要因素。由于条件艰巨、待遇较低、生活成本高、医院高级技术人才外流严重、基层医疗单位医务人员短缺、医疗技术水平低等原因，难以满足居民日益增长的健康需求，但是为了百姓的幸福，特别是贯彻中央十八大，十九大报告，地区行署高度重视老有所养，老有所乐，倡导尊老敬老爱老精神，先后下发了文件。县卫计委联合政协、民政、计生协等部门在全区县范围内开展了医养结合工作。近年来，漠河县在应对人口老龄化积极探索，在居家养老、社区日间照料、养老院基础上，招商引资宛西制药集团投资5亿元人民币，建成了集医疗，中医康养为一体的漠河北极村张仲景养生院，漠河县是国内无污染的天然净土之一，全年"优良"空气天数达350天以上，空气中每立方厘米负氧离子高达5万个，PM2.5年均值为10微克以下，比世界卫生组织清新空气标准高40倍。发挥其天然大氧吧等优势，为候鸟式养老老人提供绝佳的休闲、养老环境。

此次调研齐齐哈尔市，王红漫教授与齐市医保、民政、卫计委等政府职能部门和市中医院、市卫生学校等机构的相关领导和工作人员进行了座谈和访谈，并会同齐市卫计委副主任孔凡纯一同考察了齐齐哈尔市中医院/百草养生院和齐齐哈尔卫生学校/齐齐哈尔市建华区颐和康宁护老中心。

调研组慰问齐齐哈尔市百草养生院80岁以上老人，与106岁老人家交流

齐齐哈尔市中医医院院方介绍：按照中央、省委和省政府、省卫计委和齐齐哈尔市委、市政府发展养老产业的战略部署，在综合研判老龄化社会带来市场需求空间和中医院医疗养生供给竞争优势的基础上，有效整合医疗资源和养老资源，启动了齐齐哈尔中医院百草养生院项目。该项目总投资2.4亿元，于2015年建成，总建筑面积6.7万平方米，分为居家养老和机构养老两部分。其中，机构式养老为21层塔式楼，共2.8万平方米、床位720张，总体床位720张，目前开放房间数300户，入住老人433人，280户，入住率93.33%。居家式养老为两栋板式楼，共2.5万平方米、160个房间，可容纳320位老人。现已入住135户，入住率达到84.38%，接待旅居老人54人。百草养生院致力于打造"医养结合新典范"，成为鹤城老年人颐养天年的首选之地，积极推进的医养融合养老模式，将医护和养老资源无缝对接，发挥了"合二为一"的资源互补优势，同时能大大降低人力资源及设施资源成本。

在齐齐哈尔市卫生学校了解到，该校正在深入落实国家和省关于发展养老产业和职业教育的相关要求部署，加大改革创新力度，充分发挥职业教育和卫生服务两大优势，以"医养教结合、产学研一体"为主线，全力提升一个层次（成为优质、特色、现代的知名学校），打造一个中心

（全省西部最大的失能半失能老人养老护理服务中心），建设三大基地（全国养老护理员培训基地，"南病北治、北药南用"健康旅居养老示范基地，全省最大的养老康复技师和社区养老护士培训基地）。

调研齐齐哈尔市卫生学校/齐齐哈尔市养老护理实训基地

在黑龙江省省会，调研组与黑龙江省卫生计生委、发改委、老龄办、民政厅、人社厅、哈尔滨市卫生计生委、哈尔滨医科大学、省护理高等专科学校、省中医药学校、黑龙江海员总医院、哈尔滨市道里区通江社区卫生服务中心等部门领导、专家学者和实务界人士就健康老龄化的相关政策、实践经验和发展瓶颈等展开了深入交流和讨论，并实地考察了道里区通江社区卫生服务中心、海员总医院爱心护养院。

**调研组在道里区通江社区卫生服务中心与中心主任、
派驻中心医联体上级医院专家交流**

调研组会同黑龙江省、哈尔滨市卫计委调研走访黑龙江海员总医院所属爱心护养院和道里区通江社区卫生服务中心。通江社区卫生服务中心将分诊诊疗政策与家庭医生签约服务政策融合，与哈尔滨市第一医院组成医联体，依托上级医院专家组建家庭医生团队，着重促进恢复期（康复期）患者的下转，实现"首诊在基层、大病进医院，康复回社区"的就医格局。以老年人为重点服务人群、以慢病管理为重点服务内容，加强健康管理。机构还开展临终关怀和舒缓医疗，以干净舒适的环境、温馨专业的服务和相对便宜的价格受到省、市、区各级领导的关注。

海员总医院爱心护养院是集养老、护理、医疗、康复于一体的"医养结合"型养老服务机构，坐落于哈尔滨市呼兰区，主要收治自理、半自理、不能自理、失智和各种原因需要护养的老年人，是首批"国家养老服务机构标准化建设试点单位""中国社会福利与养老服务协会常务理事单位"（医养融合分会理事单位），在2017年12月牵头成立了"黑龙江省医养结合养老服务专科联盟"，目前有成员单位155家，涵盖了医疗机构、养老机构及助老等相关行业。召开了两次联盟成员会议，组织培训及经验交流。

调研黑龙江海员总医院爱心护养院

调研了解到：黑龙江省成立了由省长牵头的养老产业体制改革专项小组，对健康老龄化服务进行统筹规划。黑龙江省的健康老龄化工作在规划布局、资源融合、政策协同、标准管理方面迈出了坚实步伐。从概念性、建设性向系统化、整合型思维转变。黑龙江省卫计委正在筹备组建健康老龄化专家库，逐步形成以医疗为基础、以养老为核心、以科学管理为主导，关注老年人维权、健康教育、健康养生和健康护理以及心理辅导的技术支持体系；卫计委与民政厅联合开展养老机构服务质量检查，创建了黑龙江省医养结合培训基地，发挥医养结合专科联盟作用，强化行动学习，拓展医养结合实用人才培养渠道。黑龙江省积极探索不同模式的医养结合服务，如以海员总医院为代表的集医疗护理、康复理疗和生活照料为一体的整合型模式，百草养生院有效发挥中医医院医疗养生供给竞争优势的医院内设养老模式，伊春市、漠河县等地候鸟式旅养结合模式，绥化市青冈县医养联合体服务模式，以及哈尔滨市南岗区利用远程监控等技术手段为居家老人提供的智慧医养结合服务模式。但是，黑龙江省面临着经济落后，人口出生率低、人口流出严重、社会抚养比和老少比呈增长趋势等问题，医养结合服务实践工作还有瓶颈亟待突破：共性问题公立和民办机构享受补贴政策不均，养老保险筹集难度大，养老护理人员短缺，缺乏基层养老机构服务规范、家庭医生上门服务家庭病床服务规范；哈尔滨市基层卫生服务机构的门诊统筹和养老长护险均未开展，家庭病床未纳入医保项目。运行现状：医养结合服务供给不足与需求挖掘不足并存，中高端市场一床难求和基层机构空置率高并存。

调研组与黑龙江省政府医养结合职能部门行政人员及
哈尔滨医科大学等专家学者座谈

此次调研，中国卫生经济学会老年健康专委会与黑龙江省行政人员、院校专家、实务工作者对龙江健康老龄化和医养结合模式建设肝胆相照，为构建完善的养老、孝老、享老的政策体系和社会环境同谋共计：培育养老服务业可持续发展模式，提高医养结合型机构的服务质量，关注居家养老和社区养老，开展日间照料服务；在国家还没有基层机构服务规范和细则的情况下，省里可以先行先试，既可以对实践工作起到指导作用，也可以为国家制定规范提供依据；培训先行，采取多种措施解决人力资源短缺；充分发挥专家库的作用，与服务质量管理衔接；加强房屋、设施设备等基础建设；根据老年人需求和专业特点细化医养结合服务市场，减少无效供给，进一步提高医疗保障水平，避免资源浪费。

（来源：《中国医院院长》2018-06-04）

举办"应对高龄化背景下老年人医疗保险培训班"

应对高龄化（80岁以上）背景下老年人医疗保险培训项目在我市启动

8月15日上午，应对高龄化（80岁以上）背景下老年人医疗保险培训项目在我市举行启动仪式，这标志又一个国家级养生养老学术会议在我市举行。在为期3天的时间里，来自清华大学、北京大学、中央党校等我国顶尖院校的10余位教授、学者为丽水带来一场养生养老健康产业的学术盛宴。

据了解，此次培训项目由中国卫生经济学会老年健康专业委员会主办，市卫生计生委、市民政局和市人民医院协办。在启动仪式上，中国卫生经济学会老年健康专业委员会主委王红漫教授表示，老年人的健康医疗问题，事关家庭和谐和社会发展，意义重大。应对人口老龄化的重要战略举措，有利于保障失能人员基本生活权益，提升老年人的生活质量，也有利于促进养老服务产业发展和拓展护理从业人员就业渠道。

丽水作为中国生态第一市，生态优越，环境得天独厚。至2017年底，丽水市60岁及以上老年人口51.4万人，占总人口的19.17%。人均预期寿命高达79.97岁，高出全国平均水平（76.34岁），是名副其实的养生福地、长寿之乡。

市委市政府早就提出了"养生福地、长寿之乡"的发展战略，并进行了"气养、水养、食养、药养、文养、体养"的理论和实践探索，组建起中国长寿之乡绿色产业发展联盟（简称中国寿乡联盟），以及覆盖市、县两级的"生态休闲养生（养老）经济促进会"，并制订全国第一个生态休闲养生（养老）规划。

2017年11月，由市人民医院牵头，联合国内部分医疗单位、高校、健康产业机构和科研院所等构成的中国医养整合联盟在丽水成立，致力于养生养老模式的探索和实践。

"针对现代环境，要改变原有的治疗和保健理念，应以人的健康为中心，不仅从治疗技术、方法上进行改进和完善，更需要整个社会的和谐运转，健全健康机制。为期三天的培训，11场高规格的学术报告将为丽水养生养老领域注入新的养料。"市人民医院相关负责人说。

（来源：丽水网-处州晚报2018-08-17）

首届"应对高龄化（80岁以上）背景下老年人医疗保险培训班"在丽水开幕

经过紧张而有序的筹备，8月15日首届"应对高龄化（80岁以上）背景下老年人医疗保险培训班"在浙江丽水拉开帷幕。

据悉，此次培训班是由中国卫生经济学会老年健康专业委员会主办，浙江省丽水市卫生计生委、丽水市民政局、丽水市人民医院协办。来自政界、学界、实务界的近百位代表参加了此次会议。

开幕式现场

在开幕式上，中国卫生经济学会老年健康专业委员会主任委员王红漫教授作为本次主办方致辞，王红漫首先介绍了中国卫生经济学会老年健康专业委员会的战略定位，即国家和地方智库，并承担着学术交流、人才培养以及国际交流的工作任务，为了进一步了解一线情况，委员会经常深入一线进行实地调研。

中国卫生经济学会老年健康专业委员会自2017年5月18日成立后，委员们精诚团结，求真务实，"不忘初心听民声、砥砺前行访基层"，积极开展调查研究，到全国养老事业具有代表性的省市进行了调研，其中，受黄刚委员(丽水市政协常委)邀请，王红漫先后两次来到浙江丽水调研医养结合养老模式，并带领调研组深入各县市走访各家养老院、医院、长寿村，受到了丽水市委市政府有关领导和部门的热情接待，也感受到了养老及医养结合工作人员的工作激情。首届培训班选址丽水，这是一种缘分、更是一种信任。

丽水是著名的"养生福地、长寿之乡"，是习总书记点赞过的地方，这项殊荣来之不易！王红漫主委认为丽水已具备了天时、地利、人和，黄刚委员(丽水市政协常委)反馈：2018年初老年健康专委会调研后在丽水市政府与相关职能部门座谈时，由王红漫主委提出的"绿水青山、健康中国积极老龄化（享老）丽水模式"已纳入丽水市政府重点推进的十项民生工程之一。

丽水市政府副秘书长吴郁郁代表丽水市委市政府对各位专家和学员的到来表示诚挚的欢迎，对会议的顺利召开表示热烈的祝贺。他指出，中国已步入老龄化社会，如何解决老年人的健康医疗问题关系到社会的有序发展、家庭的和谐稳定、老人的幸福生活，意义非常重大，值得社会各界和学者的高度关注。截至2017年年底，丽水市60岁及以上老年人口51.4万人，占总人口的19.17%，丽水已步入老龄化社会。人均预期寿命高达79.97岁，高出全国平均水平(76.34岁)，是名副其实的养生福地、长寿之乡。

习总书记主政浙江期间，曾8次深入丽水调研，指出"绿水青山就是金山银山，对丽水来说尤为如此"。2018年4月26日，习总书记在武汉主持召开深入推动长江经济带发展座谈会并发表重要讲话。在讲话中，他指出"浙江丽水市多年来坚持走绿色发展道路，坚定不移保护绿水青山这个'金饭碗'，努力把绿水青山蕴含的生态产品价值转化为金山银山，生态环境质量、发展进程指数、农民收入增幅多年位居全省第一，实现了生态文明建设、脱贫攻坚、乡村振兴协同推进。"

丽水市卫生计生委副书记梁军表示，在以王红漫教授为代表的各位专家指导下，丽水市"医养结合"工作取得了巨大的进步。丽水现有5家市级公立医院，17家县级公立医院，其中有2家三级甲等综合医院，1家三级甲等中医医院，综合服务能力较强，能较好地满足老人的全面医疗保障需求。另外，医疗机构丰富的师资教育资源及培训经验也有利于培养高素质的养老护理人才。

目前，丽水多家公立医院参与了"医养结合"工作或者老年病专科的发展工作，进行了积极而有益的探讨。其中，丽水市人民医院在黄刚院长的带领和亲身实践下，对"医养结合"工作做了很多有益的探索。

本次培训班授课的老师包括北京大学、清华大学、中国科学院、中国社会科学院、中央党校、北京市委党校的教授博导、资深学者，以及全国老龄办专家。他们顶酷暑、冒台风,不远千里来到丽水,舟车劳顿,安马未歇为学员代表授课,带着共同的情怀和使命而来,希望在3天的时间里,与学员相互探讨、交流、学习!

（来源：中国医院院长 2018-08-16）

来哲奋扬 克弘丕业：应对高龄化（80岁以上）背景下老年人医疗保险培训班成功举办

2018年8月15-17日，为期3天的首次"应对高龄化（80岁以上）背景下老年人医疗保险培训班"在浙江丽水举行，会议取得圆满成功。

一、多方支持，是会议成功的重要基础

此次培训班是由中国卫生经济学会老年健康专业委员会主办，浙江省丽水市卫生计生委、丽水市民政局、丽水市人民医院协办。来自政界、学界、实务界的近百位代表参加了此次会议。培训班的顺利举行，首先，得益于中国卫生经济学会的大力支持，作为专委会首届培训，意义重大；在浙江丽水一个地级市举办首次培训班，意义特殊，有利于专委会了解目前老年人医疗保障各层级的基本情况。其次，来自全国老龄办、北京大学、清华大学、中国科学院、中国社会科学院、中共中央党校、北京市委党校的各位专家不辞辛劳的大力支持，是对学会和专委会充分信任，更是积极奉献。最后，主办方和各协办方尽心尽力的付出和努力，组织报名，组织会务服务，为培训班的顺利完成起到重要作用。

二、课程设计合理，获得广泛赞誉

培训班共计3天，以理论课为主，期间安排了实地参访、学员设计和讨论互动等内容。来自政府工作人员、养老管理机构、医疗机构、社会养老机构、保险公司工作人员等近百人参加培训。培训期间，日程安排紧凑、形式多样，授课内容新颖、前瞻，既有政策、体制方面，也有自然科学领域，还有实践内容，照顾到各类受众的需求，因此获得学员的一致好评。培训期间，除了既定的日程安排外，各位专家王红漫(北大博导)、王秀梅(清华博导)、杨飞(中科院博导)等还参加了3次座谈会、1次研讨会；丽水的主要领导和部门负责人分别参加不同会议。大家就养老保障展开了广泛而热烈的讨论，达成了部分共识，对推动当地养老事业的发展起到了很好的推动作用，也为顶层设计积累了更好的资料。

三、培训成效显著，后续内容持续跟进

培训班是对我国养老产业尤其是长护险的一次积极探索和推进。来自全国各地的学员进行了认真思考，广泛交流讨论，取得了相互促进的作用。丽水地方从业者改变了原有观念，地方政府更加重视养老产业，将其列入政府重点工作。市政府成立了医养结合领导小组，公布了有关方案。老年健康专委会调研后在丽水市政府与相关职能部门座谈，王红漫主委提出的"绿水青山、健康中国积极老龄化（享老）丽水模式"，经丽水市人民医院院长黄刚（专委会委员）进一步与地方融合，作为丽水市政协常委第328号提案《关于促进医养整合，构建"绿水青山、健康中国"丽水养老模式的建议》，成为了2018年市政协委员重点提案，已纳入丽水市政府重点推进的十项民生工程之一。8月17日，中国卫生经济学会老年健康专委会主委王红漫(北大博导)、副主委尹志刚（北京社会建设研究会会长）、委员郭桂芳（北大博导）、培训班学员专程到浙江省丽水市第二人民医院（丽水市老年病医院）调研考察，深入临床了解老年学科建设，并就老年人医养康养，如何应对老龄化等问题进行交流。8月20日，丽水市政协组织相关部门对丽水养老现状进行实地考察，召开"三见面"协商会，对丽水的养老模式进行深入讨论。

本次培训班达到预期效果，培训学员均表示：培训耳目一新，让人很受启发、受益匪浅，不虚此行。培训班扩大了中国卫生经济学会的影响力，为将来广泛开展工作起到了很好的推动作用。与此同时，培训还发挥了良好的外部效应——老年健康专业委员会的主委王红漫博士应邀积极推荐专委会专家与丽水学院院长肖刚、丽水学院医学院健康学院王伟杰等相关负责人，进行座谈和交流，指导相关专业学科建设、人才培养模式；浙江省丽水市人民医院对医养整合工作进行深入探索和实践，取得了一定的工作基础。医院拟和有关高等院校开展养老模式的立项工作，目前正在设计筹划当中。医院将会利用各种资源推动丽水当地养老事业的建设。专委会专家还与丽水市副市长王小荣、卢彩柳等领导就如何更好建设健康丽水、打造就王红漫主委提出的"康寿之乡"和构建"绿水青山、健康中国积极老龄化"丽水享老模式，进行了深入交流与沟通，通过课内、课外的方式理论与实践结合积极为丽水市健康养生养老工作建言献策。

培训班成功举办

（来源：医师报2018-08-27）

践行"医养结合与老龄事业和产业发展"青岛篇

2018年10月,中国卫生经济学会老年健康专业委员会调研组赴青岛、烟台等各区及县市开展山东省医养结合实地调研及实证研究,服务健康中国积极老龄化。

此次调研,北京大学教授王红漫主委与中央党校教授林梅带博士研究生利用课余时间走访了青岛市黄岛区西海岸中康颐养护理院、青岛市市南区人民医院、青岛市城阳社会福利中心、城阳街道卫生服务中心、青岛颐德康复医院,就医养结合运行现状、管理模式、长护险试点运行及相关机构发展状况与基层政府工作人员与实务工作者进行了深入详细的访谈。并与青岛市卫计委、青岛市黄岛区、莱州市、招远市和蓬莱市的卫计局、民政局、人社局、财政局及消防大队以及烟台芝罘区的相关部门主要领导以及医务工作者、实业人士就健康老龄化、医养结合、智慧养老等情况进行座谈。本次调研重点考察山东省医养结合产业运营、管理体制、医联体模式、长护险试点运行及医养结合机构运行现状。

在青岛市卫计委家庭处丁虹处长、西海岸西区中康颐养护理院苏亚勒总经理和王强庆院长的陪同下考察了此次调研的第一站,青岛首家功能最全的非营利性医养结合机构——中康颐养护理院。据苏亚勒总经理介绍,这家机构是由西海岸新区政府主导,由青岛瑞源集团于2013年投资建设,2015年10月7日正式运营,占地面积共28亩,建筑面积约4万平方米,总投资3.7亿元。设立床位1 100张,主要收住对象包括自理、半自理、失能失智老人,目前不能自理的老人有60多位,共有48位医疗护理人员。该机构不仅取得了养老机构资质,而且取得了医疗机构资质,设有门诊,是定点住院和长期护理保险机构,开设远程医疗,可以直接与北京协和、301等10余家国内顶级医疗机构视频会诊。并配有棋牌室、书画室、手工艺室、影院、图书室等休闲场所及老年大学。据王院长称,老

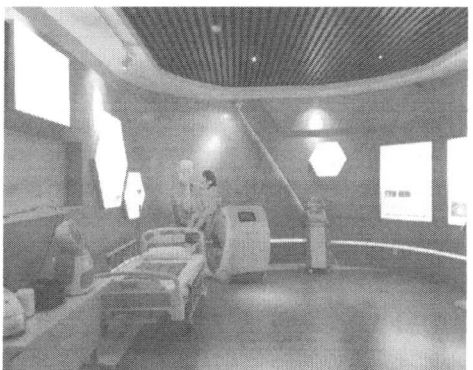

调研组一行考察中康颐养护理院爱邻里中心

人入院前由评估小组做健康评估报告，确定护理等级和楼层区域，以便对老人的照护更具针对性和专业性，目前入住率已达70%。调研组还深入各区域实地考察，在以医疗为主的失能和失智专区，由医护人员24小时值班，进行医疗服务和康复训练，并指导护理员对失能老人进行生活照料。

调研组在自理老人活动室与房间与老人亲切交谈，询问他们的身体生活状况及切身感受，因为贴心的服务，老人们不仅可以在食堂集中吃饭，也可以根据营养师建议和个人口味单独点餐，居住老人满意度较高。目前中康颐养护理院已经开展以机构为核心，辐射社区和居家医养互为联动实现更广范围的医疗照护服务，首创"八维双联模式"即以家庭为核心，老龄人群为服务对象，以爱邻里智慧医养社区服务中心为网点、爱邻里医养一体化平台为支撑，以健康管理和医养结合的专业机构和团队为依托，搭建"防、医、养、康、护、慰、居、宁"的八维度综合服务平台，实现机构与居家、家庭与社区之间双向照护的联动。

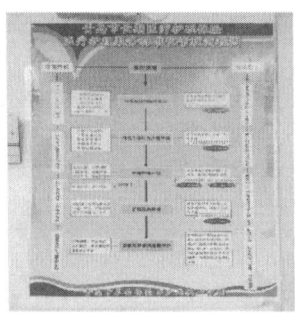

调研组一行与青岛市市南区人民医院与专护病房护士长亲切交谈

随后，调研组一行考察了青岛市市南区人民医院，根据与刘院长及医务工作者的访谈了解到，市南区人民医院作为二级甲等医院积极顺应老龄化进程和主管部门政策要求，不断探索，在医院内部设立了"医疗专护病房"，这是青岛市人社局于2011年7月29日首家指定的医疗与养老照护相结合的试点病房，也是青岛市长护险首家试点运行单位，由此推动了整个青岛市的长护险试点运行工作的顺利开展。访谈中汲芳护士长介绍到，专护病房提供24小时的医疗护理诊治与生活照料，主要收治长期卧床不能自理及带有胃管、气管切开等患有慢性病的老人，共有24名护士。近几年来由于专护病房医护人员细心扎实的工作，取得较好的社会和经济效益。专护病房十分注重细节管理，流程再造及技术创新，使老人从入院后的医疗护理诊治到日常生活照料及临终关怀形成一条龙服务，还配有营养师、心理咨询师等为老人提供全方位服务。在临床护理工作中，医护人员解决老人痛苦及需求，多方请教，反复求证，逐渐摸索出中医药结合治疗压疮及糖尿病足的方法，两小时翻身、喂饭、洗脚、清理口腔、帮助排便、修剪指甲、按摩、糖尿病人的皮肤护理等一项项的工作，医护人员总是耐心、细致地用心做好，以至许多患者家属都非常感动。同时医护人员从人性化角度出发还自行研发了一项非常精巧的辅助康复工具—手握枕，这项研发已经申请专利，因为它不仅能内装小草药包，还能方便老人通过手握枕进行抓伸活动,更能防止因手关节长期不动导致的皮肤溃烂。

通过与医务人员的深入访谈,王红漫教授与林梅教授对市南区专护病房的分级护理细化服务和爱心细心的工作态度给予了赞赏,并对其存在的专业护理人员数量缺乏,智能养老信息化、完善医疗专护手册等问题提供理念及技术方面的经验分享,可以借鉴国外先进经验实现设备、技术、人员等进一步突破和提升。

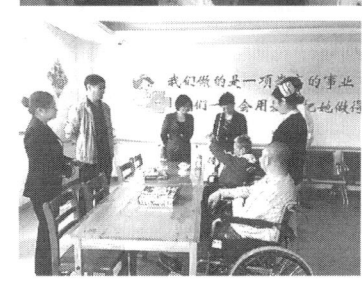

调研组一行到城阳区考察与医护人员和入住老人亲切交流互动

在城阳区卫计局医政科苗欣科长陪同下调研组一行人到城阳区,首先调研了城阳区城阳街道社区卫生服务中心,该中心将家庭医生签约和长期护理保险有机结合,建立"向日葵"家庭医生签约服务团队,提供预约诊疗服务,为老人制定个性化的诊疗服务包;为失能老人开展居家巡护服务,满足失能患者居家护理迫切需求,使居家老人受益许多。

随后调研了青岛颐德康复医院,这是一所二级专科医院,与青岛市城阳区社会福利中心圣德护养院是同一法定代表人、同一地址的医养结合机构(以下简称"城阳圣德"),开展了集"医、养、康、护、学、乐"为一体的医疗养老服务。据纪鸿浩院长介绍,全院建筑面积3.1万平方米，设置床位1 041张，向自理、半失能、失能、失智老年人提供专业、周到的服务。同时，还承担着残疾人以及五保老人的安养工作。该医养结合机构由三幢楼组成，按老人的自理程度划分为不同功能区域：1号楼为医疗区，即青岛颐德康复医院（含福利中心内科门诊部）；2号楼是以失智、半失能护理为主的护理区；3号楼是自理老人颐养区。1号楼医疗区，建筑面积5 500平方米，开放床位120张（普通和康复住院床位45张，医疗专护床位75张），主要以脑血管病诊治为主、康复医学为特色，开展门诊、普通住院、康复住院、医疗专护等业务，立足服务于城阳圣德入住老人。目前，住院床位供不应求，专护床位早已满员，出现专护老人等床位的现象。2号楼护理区主要面向失能、失智和残疾人开展医疗和生活护理服务。医护人员定期对失智、半失能区查房、巡诊，确保老人病情平稳，甚至改善。同时生活护理员提供优质、专业的生活照料服务。3号楼颐养区，主要为自理老人服务。据悉，青岛颐德康复医院不仅承担着入住老人的医疗救治任务，还可以满足周边社区居民基础的医疗需求，极大方便住养老人和居民就医、就名医。

调研中，王红漫教授一行主要对城阳圣德在医养结合方面享受的政策、服务经验、运行模式以及当前存在的困难进行了解，参观医疗区、护理区、颐养区以及政府托养的五保老人，感受到了专业的医疗护理服务和老人们丰富的精神文化生活，颐养区内设立老年大学，开放6个系列17门课程，戏曲、舞蹈、绘画、书法、模特等各类课程交替进行，设立的舞蹈室、阅览室、电脑室、棋牌室和乒乓球室等供机构与社区老人共同学习和娱乐健身。并对其在医养结合工作中付出的巨大努力和取得社会效益予以肯定。

考察过程中，调研组对青岛市卫计委丁虹处长进行了深入的访谈，并召开了座谈会。青岛市中康颐养护理院苏亚勒董事长、黄岛区卫计局刘科长、人社局曲科长、民政局孙科长以及城阳社区卫生服务中心主任等相关同志参加了座谈。青岛市卫计委丁虹处长对医养结合工作从启动到展开的试点运行工作中的成效及存在的问题作出详细介绍，她谈到老年人的健康状况对本人和家庭至关重要，不仅关乎一个老人的生命质量，更关乎一个家庭成员关系相处及发展的问题。青岛市在市委、市政府高度重视下，开创一套独具特色的"政府主导、部门联动、融合发展、全面覆盖"的医养结合青岛模式，建立具有引领性的六种医养结合类型：医中有养、养中有医、医联结合、养医签约、两院一体、居家诊疗，初步形成了防、医、养、康、护一条龙服务。总体来说，这一阶段成果显著，亮点突出。建立了长期护理保险服务体系，为参保的失能、失智老人提供医疗服务，其中属于职工参保老人还提供生活照料，收到了老人、家属和机构的欢迎。同时，她还谈到，医养结合工作的目标不应只为失能、失智老人提供医疗和生活照料，而是减少失能、失智老人，建设健康老龄化社会。因此，青岛卫生计生委经过为期一年的深度调研，起草了《关于创建全省医养结合示范市的实施意见》，经30个部门会签，法制办审核，市政府常务会议通过，于今年7月30日，以市政府办公厅名义正式下发文件。此文件从多角度对医养结合工作进行创新、突破，随着配套政策的陆续出台，将会解决一些制约医养结合工作发展的瓶颈问题。

如在财政税收保障方面，一是利用市级安排的养老服务业发展资金（含社会福利彩票公益金），支持医养服务业发展，重点向社区、居家和农村倾斜。充分发挥新旧动能转换引导基金作用，支持医养健康产业发展，为医养结合提供资金支持和融资平台。二是加大对医养结合服务机构扶持力度，公立医疗机构开展医养结合服务，经民政部门许可或确认后，享受与养老机构同等的运营补助、保险补助；公立医疗机构办理养老机构许可后，属于自筹资金新建或改建的，财政部门按照养老机构的标准给予一次性建设补贴。同时，鼓励社会资本新建一批医养结合机构，与公立医养结合机构享受同等政策。目前青岛市开展医养结合服务的80%是非公立机构。在行政许可保障方面，深化"放管服"改革，整合审批环节，打造无障碍审批环境。一是利用现有医疗资源申请设立养老机构的，可依据医疗机构已具备的相应资质直接进行审批。二是公立医疗机构利用1998年9月以前建设的闲置资源办理养老许可，未进行装修改造的，与养老机构同样享受民发〔2017〕25号文件规定的消防审核、验收或备案政策。同时，她还介绍到医养工作重点在于"防"，《实施意见》规定了完善基本医疗保障制度，将偏瘫肢体综合训练、认知知觉功能康复训练、日常生活能力评定等医疗康复项目按规定纳入基本医疗保障范围。其意义在于前期的介入，尽量让可能出现失能失智隐患的老人做好及时医疗治疗和康复训练做到不失能、少失能。另外，智能手环以及一键三呼的急救呼叫方式的运用开启了智能化居家养老模式，居家老人发生紧急情况，通过可穿戴设备进行一键三呼，链接家属、呼叫中心和120急救中心，三方响应，第一时间居家老人院前急救到位，初步实现了"实时监控、远程监管、及时抢救"目标，解决了居家老人突发情况抢救不及时的问题。

  青岛市医养结合工作取得了明显成效，六种医养结合类型优化了资源配置，拓展了服务范围，实现了医养结合全覆盖。一方面满足了不同层次老年人的医疗需求。六种类型上半年共服务老年人130余万人次，做到了无论居家还是在不同机构居住的老年人，都能享受到快捷、有效的医疗服务。另一方面整合了医疗资源和养老资源，优化资源配置，调动医疗机构充分利用闲置床位资源，实现了转型发展，促进社区定点医疗机构与暂不具备医疗资质的养老服务机构开展协作，推动养老机构转型发展，提高了传统养老服务机构的可持续发展能力。截止到今年6月底全市医中有养机构93个，通过在医疗机构开设养老床位、老年病房、康复病房、临终关怀病房等开展服务；养中有医186个，通过养老机构设置医院、医务室、门诊部开展服务；医联结合141个，通过二级、三级医疗机构与医养结合机构组成医联体开展服务；养医签约39个，通过基层社区卫生服务中心与没有内设医疗机构的小型养老机构签协议开展服务。两院一体5个，通过卫生院与敬老院（养老院）合二为一开展服务；居家诊疗490个，推动医疗服务延伸至社区、家庭，为居家老年人上门提供健康管理和医疗服务。应当看到，上述6种类型中，医疗机构承担了老年人机构、社区和居家的医疗服务，医疗服务贯穿了老年生活的全过程和全方位。一是承担了人社部门的长期护理保险的老年医疗服务工作，专护、院护、家护和巡护四种类型所有医疗服务全部是医疗机构承担的。二是承担了民政部门的养老机构入住老人的医疗服务，目前全市237个养老机构，卫生计生部门通过在186个养老机构办理医疗机构、在39个养老机构签约等形式为养老机构提供医疗服务，各级医疗机构均开设了老年绿色通道，随时为老年人提供医疗服务。三是承担了入住医疗机构的老年病科、康复科的老年人医疗服务；承担了卫生计生部门主办的医养结合服务机构中入住老年人医疗服务；承担全部居家老年人的医疗服务。另外，还通过康复治疗帮助2万余名老人恢复或部分恢复自理能力。座谈中，黄岛区卫计局刘科长谈到青岛长护险政策层面的优势，加之有实力的中康集团作为依托支撑起民营医养结合机构进一步推动青岛医养结合工作的全面开展。最后，王红漫教授对青岛地区医养结合工作给予充分认可，但也提出了在智能养老方面个人信息终端大平台尚未建立以及个人信息隐私保密、异地及跨区域养老享受政策、基层医务人才紧缺等方面问题意见和建议。

老年健康专业委员会

（来源：《中国医院院长》2018-10-23）

践行"医养结合与老龄事业和产业发展"烟台篇

2018年10月，中国卫生经济学会老年健康专业委员会继青岛调研后，王红漫主任委员（北京大学教授）与林梅（中央党校教授）带博士研究生利用课余时间赴烟台等各区及县市开展山东省医养结合实地调研及实证研究，服务健康中国积极老龄化。

此次调研考察走访了烟台市高新区御花园老年公寓、蕾娜范颐养院、烟台市芝罘区凤凰台医院、莱州市立医院、莱州市桃源山庄、招远市金都康复医院、蓬莱市中医医院等地，就医养结合运行现状、管理模式、长护险试点运行及相关机构发展状况与基层政府工作人员与实务工作者进行了深入、详细的访谈。并与莱州市、招远市和蓬莱市的卫计局、民政局、人社局、财政局及消防大队以及烟台芝罘区的相关部门主要领导以及医务工作者、实业人士就健康老龄化、医养结合、智慧养老等情况进行座谈。本次调研重点考察山东省医养结合产业运营、管理体制、医联体模式、长护险试点运行及医养结合机构运行现状。

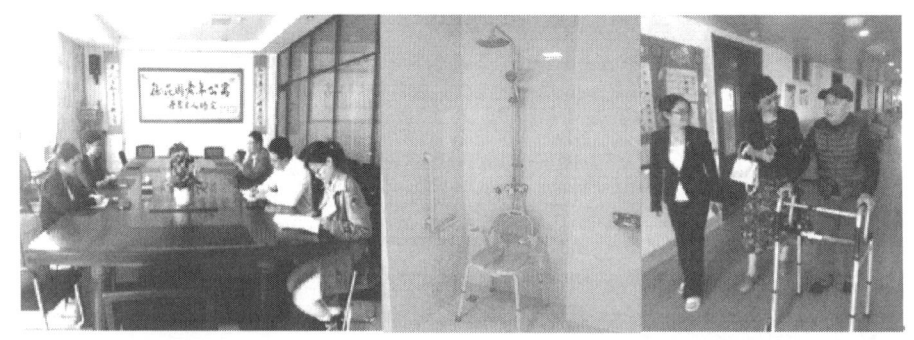

调研组到烟台市御花园老年公寓和蕾娜范颐养院座谈、考察并与老人亲切交谈

10月15日上午，调研组一行来到烟台高新区御花园老年公寓。首先听取了高新区社会事务局分管局长曲飞和老年公寓董事长宋华西的介绍，详细了解了老年公寓的运营体制、规划布局、环境设施、服务特色等，接收对象主要是自理和半自理老人。据悉，御花园老年公寓在2015年建立，是全国医养结合机构50强第18强，也是烟台市老龄产业协会会长单位。整个公寓采用无障碍设计，3栋护理楼，13栋老年公寓，一期配有老年公寓、蕾娜范颐养院、老年病医院、护理院、老年大学、活动中心等，二期正在申办施工许可，将于年内开工建设。

老年公寓重视从细节上为老人的安全把关，每层楼都设置了客梯和担架梯，在室内安装烟感自动报警器，在卫生间里安装报警器，这些细节性的服务都得到入住老人及家属的认可和信任。调研组还观看活动区域中老人们的生活状态，与老人们亲切交谈，详细询问老人的身体状况、居住饮食状况以及收费情况，了解到老人们成立的包括腰鼓队、钓鱼队、种菜队、合唱队、基督教查经小组等社团30多个，乐见老有所为、老有所学、老有所乐，对老人们多彩的文娱生活、积极乐观的精神风貌以及惟妙惟肖地书画作品赞赏有加。

乐见入住御花园老年公寓的活力型老人向该机构员工传授太极拳、70岁老人在读书、下棋和老人的书画作品

随后，王红漫主委一行来到19号楼，重点考察老年公寓与德国蕾娜范集团合作的蕾娜范颐养院，并深入到老人的寝室、康复训练室实地查看。宋董事长介绍到，德国蕾娜范集团是德国养老、医疗护理行业的领军者之一，在市政府的支持下蕾娜范颐养院落地全体工作人员统一经过德国专业护理经验培训，做到持证上岗。其优质的护理服务、个性化的护理方案和最大限度的自主权让老人满意的同时更让家属放心；蕾娜范颐养院主要定位是收治失能、失智和高龄老人，颐养院将失智友善置于首位。总设计床位180张，其中双人间78间、单人间24间。整幢建筑围绕为失能失智长者提供最大便利而设计，每层均设有护士站和餐厅、理疗室等，房间配备有求助系统、智能马桶、智能床垫等，能够最大程度上方便失能老人居住。

另外，社会事务局分管局长与调研组关于机构养老情况和存在问题进行深入沟通和交流，肯定了御花园老年公寓在政府的高度重视和积极作为下运营中所取得的社会效益，尤其是接收7位"五保户"老人。王红漫主委建议要抓好合作契机将国际先进照护体系本土化并制定相应的照护标准体系，同时在智慧养老方面建立研发团队，为老年人康复护理研发更加智能、更便捷的产品为老年人服务，也要注重养老产业发展的持续性和可循怀，树立多业态融合发展理念，建立东中西部、高中低档不同层次的养老机构类型，融入区域文化彰显地区孝老文化特色。

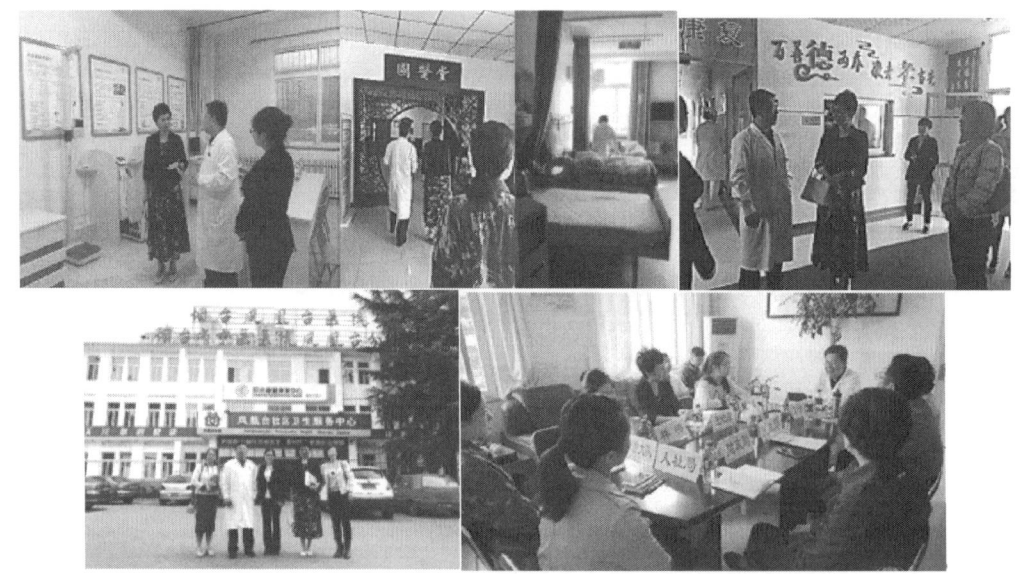

调研组到烟台芝罘区凤凰台医院考察医养结合模式

  调研组来到烟台芝罘区凤凰台医院，考察医院医疗环境、技术设备、国医堂以及日间照料中心开展情况，并探望了入住老人。院方负责人介绍到，凤凰台医院是中医药文化示范单位，也是滨州医学院和青岛大学第四医学院实践基地，医院设有老年人医养结合病区，有专业护理员24小时陪护。2012年在区卫计局和民政局相关部门支持下设立老年人日间照料中心，首次开展医养结合服务，集医疗、康复、保健为一体的一站式服务，休闲活动区每年接待老人15 000人次，同年建成数字化预防接种门诊。在康复区，设有残疾人康复中心，提供公益性的康复服务，被授予"定点康复单位"。随着中西医结合理念日益普及，2015年设立国医堂，推广中医药临床应用，此外医院全科医师和护士负责社区卫生服务工作，实行家庭医生分组责任制。

调研组与芝罘区卫计局翟惠君副局长、民政局、财政局、人社局和消防大队等部门负责同志和医院院长展开座谈。卫计局翟局长首先介绍了芝罘区的医养结合总体情况。芝罘区是山东省医养结合示范区，遵循"居家为基础、社区为依托、机构为补充"的养老模式，全区老人大约90%居家养老，7%社区养老，3%在机构养老。养老机构工作有30家，其中医养结合机构有10家。有在养老院设医务室的情况，有的是社会力量举办的医养结合体，还有在医院设立老年病科和日间照料中心，分别开展专护、院护、巡护服务。芝罘区卫计局组织口碑好的医院，选派医师到没有设立日间照料中心的社区定期诊疗。在居家养老方面，多数社区设立老年食堂，号召志愿者提供多种服务，同时在大海阳社区设立医养服务站，每周五专家坐诊，在社区卫生服务站也会定期举行义诊活动。座谈中院方负责人谈到了日间照料中心建立的背景，同时也谈到了当前工作中出现的困难，例如医院专护目前有20张，但仍床位资源不足，专护费用也比较紧张；医护资源缺乏，家庭医生签约服务尚未建立个性化服务包等。王红漫主委肯定凤凰台医院有情怀、有想法、有作为，并强调要高度重视消防器具的维护，消防器材的使用培训以及消防设施的技术更新。

调研组考察莱州市市立医院和社会福利中心与医护人员和老人亲切交流

在莱州市卫计局负责同志的陪同下，调研组考察了莱州市立医院牛蹄山院区和莱州市桃园山庄。据悉，莱州市是中国十大长寿之乡之一，莱州市老龄化已达到27%，超过山东省平均老龄化程度，因此，各级政府部门对养老问题及医养结合工作非常重视。

莱州市立医院院方介绍：莱州市市立医院和社会福利中心医养结合于2013年正式开展，建筑面积31 640平方米，是在二级医院设立专门医养结合区域，定位与服务失能、半失能以及自理老年人群体。开放养老床位410张，医疗住院床位150张，其中老年病科有41张床，由4个医生负责，病床周转率达半月以上。医院与福利中心合作，构建以养老机构负责老人的传统生活护理为基础，医院提供健康检查、疾病诊治、大病康复等医疗康复的养护中心，通过双向转诊服务，在医院开通绿色通道，对转入的危重老人实行优先入住治疗，病情缓解后转回中心进行康复护理，促进卫生资源共享，为老人提供连续性的医疗服务。这种医养结合新模式，实现了将养老机构与医院功能相结合，把生活照料和康复关怀融为一体的新型养老服务模式。目前莱州市将中医康复纳入医保，莱州市立医院康复治疗区运用传统针灸、推拿、理疗等手段基础上结合现代康复理念，采用运动疗法（PT）、作业疗法（OT）以及语言疗法（ST）、心理辅导等手段，在康复领域形成自己特色和优势。

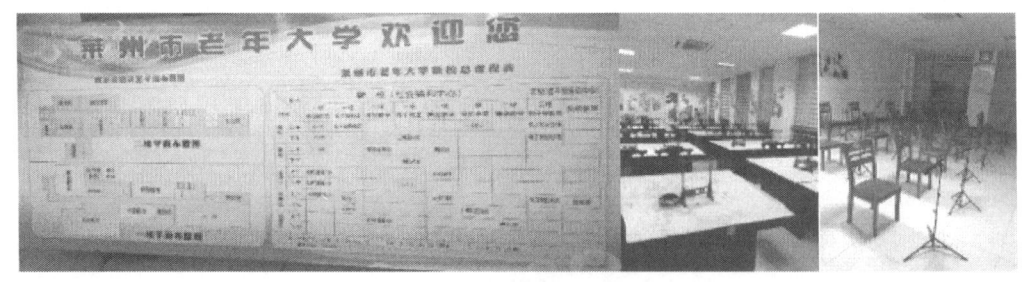

调研组考察莱州市老年大学

随后，调研组走访莱州市桃源山庄，听取医务人员的工作介绍，并观看了医院在医疗、老年康复、老龄文化建设等方面的工作，了解到该机构在2015年建成，定位以养老（含旅居养老）为主，医疗服务为辅。山东盛世桃源养老产业集团有限公司坚持多业态融合发展，包括养生养老和医疗康复旅游两大板块组成，分为公寓居住区、养护休闲区、医疗保健区。内设有两幢养老楼,800张床位,其中五层主要接受失智老人,目前共有68名失智老人;失能老人100多集中在六层,目前入住3名百岁以上老人。莱州市桃园山庄是全国旅居养生养老基地,也是"中国长寿之乡康养示范基地",有137个房间为旅居养老人群服务,是一所宾馆式、公寓化为特色的民办养老福利机构。

调研组夜访莱州市老年康复中心、桃源山庄养生养老基地老年公寓

在莱州调研过程中,王红漫教授、林梅教授与卫计局、医院以及老年公寓负责人等就莱州目前长护险运行、居家养老、机构养老、政策支持、健康产业发展方面等问题进行了深入细致地交流。据悉,莱州市遵循"大医疗+小养老""大养老+小医疗""医疗养老并重""居家养老+医疗网络"为基本模式,成立了医养结合领导小组,由17个部门领导任成员,市委市政府高度重视医养结合工作的开展。目前,全市组建280个家庭医生签约服务团队,家庭医生签约服务率完成62.29%,打造了12 343和89 000两个一站式社区医养服务智慧平台。在机构养老方面,市立医院和桃园山庄作为两处省级医养结合示范单位,共设有医疗床位238张,养老床位1 010张。同时在访谈过程中也进一步了解到当前存在相关配套政策尚不完善、医养结合人员数量不足等问题,但已经逐步制定出在机构建设、项目培育和智慧平台引进等规划。王红漫主委尤为关注失独、孤独、病残等特殊群体,他们的晚年当地政府出台政策,规范、监督、管理养老机构、防止为钱办养老,个别无良者,损害老人权益提出意见和建议。

调研组于招远市考察走访医养结合机构并与政府相关职能部门座谈

调研组一行来到招远市。在招远市卫计局局长、民政局、人社局分管局长的陪同下考察了招远金都康复医院。据悉，招远金都康复医院是烟台市首家二级康复专科医院，下设金都康复中心、金都体检及招远市社会福利中心，2017年被授予山东省首批"医养结合示范单位"，也是烟台市首批唯一获此殊荣的单位。2014年3月16日，招远市首家医养结合型的老年公寓——"招远市社会福利中心"开始运营，招远市社会福利中心是金都康复医院按医院管理模式租赁经营的社会福利机构，由招远市民政局主管，属"公建民营"机构。总投资3.1亿元，占地8.1万平方米，建筑面积达4.2万平方米，预设床位1 000张。共有10栋连体楼，其中综合办公楼1栋，餐饮楼1栋，公寓楼8栋。主要收治的老年人中，95%患有慢性疾病，67%是失能和半失能人员。中心内设金都康复医院老年公寓、福利院、老年大学等，具体包括康复部、护理部、事务部、综合门诊、康复病房、阅览室、书画室、健身室、理发室、餐厅、洗衣房等设施。房间设置为单人间、双人间、套间及特护房间。室内统一配置呼叫系统、空调、电视、热水器、智能床垫及家居用品，满足不同层次老年人的生活需求。遵照"环境养老、智能养老、亲情养老、康复养老、文化养老"五大理念，中心服务的形式分为自理老人休闲养生养老、失能老人看护照料养老、分期度假式养老和日间照料养老服务。与此同时，中心还注重借鉴日本等国家先进经验开展智能化养老，能够对入住老人

**调研组一行欣见招远市社会福利中心
80岁以上老年人的作品（诗歌、散文、绢花、剪纸等）**

生命体征实时监测并及时发送至监护中心和家属手机上。多样化的服务和专业的医疗护理团队，能够满足自理、失能、半失能老人的生活照料、保健康复和精神慰藉方面的需求，为"三无"老人等弱势群体提供更完善的养老条件，缓解人口老龄化带来的一床难求问题，努力践行中国老龄化时代的健康养老社会责任。

调研组会同招远市卫计局、民政局、人社局、财政局、消防大队等部门主要领导和金都康复医院的院长护理部主任就招远市目前医养结合工作和机构建设问题进行了座谈。财政局部门领导座谈中谈到在财政政策方面对医养结合工作给予了最大支持，招远市社会福利中心运营至今，政府在福利补助、运营补助、医养结合型养老机构补助、消防改造补助等方面资金支出累计约300万元。市卫计、民政两部门负责人对招远市养老机构总体情况作了介绍，招远市取得养老许可的养老机构共8处，养老床位共1 880张，施行医养结合服务的机构6处，占比为75%。在农村则实行养老机构与镇级卫生院"养医签约"服务。在座谈中，与会人员对当前医养结合工作推进过程中存在的问题和困难进行了坦诚的探讨，比如在社区养老方面，虽然实行家庭医生签约工作，但落实过程中基层医务人员资源缺乏，尤其缺乏全科医师；基层医疗卫生机构与养老机构签约开展定点巡诊或上门服务诊疗，但成效甚微，多数老人在观念上对诊疗意识不够重视；农村地区经济条件比较困难的失能失智老人无力负担养老机构的专门护理费用。下一步养老机构审批制度改革后如何对养老机构日常监督管理问题。在交流中，招远金都康复医院负责人结合日常工作实际也提出了在长护险政策上，把基础护理专护资金向日常护理倾斜的建议。

对此，王红漫教授建议，由卫计和民政部门联合对巡诊老人医疗技术服务和养老服务的需求与缺口等情况开展全面调研，进而修改完善更加有针对性地巡诊方案，并建议在财政税收保障方面，利用市级安排的养老服务业发展资金（含社会福利彩票公益金），支持医养服务业发展，重点向社区、居家和农村倾斜。充分发挥新旧动能转换引导基金作用，支持医养健康产业发展，为医养结合提供资金支持和融资平台。加大对医养结合服务机构扶持力度，公立医疗机构开展医养结合服务，经民政部门许可或确认后，享受与养老机构同等的运营补助、保险补助；公立医疗机构办理养老机构许可后，属于自筹资金新建或改建的，财政部门按照养老机构的标准给予一次性建设补贴。同时，鼓励社会资本新建一批医养结合机构，与公立医养结合机构享受同等政策。

调研组考察蓬莱市中医院涌泉康护中心与医护人员和老人交谈

在蓬莱市中医院，王红漫教授、林梅教授等一行实地参观了蓬莱市涌泉康护中心老人活动的康乐大厅和公寓楼，卫计局秦副局长和康护中心段主任等相关人员陪同考察，随后调研组一行与人社、民政、财政、消防等部门主要领导一起座谈，并听取了秦副局长和段主任对康护中心的介绍。据悉，蓬莱市中医医院始建于1988年，是三级甲等中医医院，而涌泉康护中心是由蓬莱市中医医院倾力打造的国内首家高端中医药健康养老机构，也是山东省首家公立医院主办的医养融合型养老中心，荣获烟台"最美养老院"称号。工程占地13 860平方米，开设床位450张，拥有者得天独厚的地理环境，气候宜人，主要接收半自理和不能自理老人，自理老人可以自愿入住，设有豪华标间、双人间、单人间和经济多人间四种房型，至今运营一年多，养老入住率达到70%。康护中心依托蓬莱市中医医院的优质医疗资源，拥有医生、护士、营养师、康复师的专业介护管理团队，制定标准化的护工培训，康护中心与医疗区之间建有一座连廊作为转诊绿色通道，病情需要救治时随时转入医疗区治疗，病情稳定后转回中心养护，针对老年人特点，该中心引进了智能化养老，应用先进的科技养老手段，采用移动互联网技术，实现云健康监控管理。为每位入住老人配备智能床垫和健康智能手表，可24小时实时监测老人呼吸、心率变化以及老人的离卧床状态，护士可通过远端监测平台实时掌握老人的状态；智能手表可实现实时通话，血氧、血压、睡眠监测；跌倒报警、GPS定位；SOS一键急救等功能，子女和医生可通过手机客户端或中心平台随时随地查看老人健康数据变化趋势、生活及健康状况。同时中心十分注重利用中医院医疗优势开展中医养生讲座、拔罐、针灸、理疗等中医特色服务。康乐大厅的老人们与调研组一行积极互动交流，从而感受到老人们的生活状态、身体状况以及精神风貌都很健康，文化活动也是丰富多彩，开办老年大学、戏曲会友、定期郊游联谊、书画、影音、足疗、理疗等供老人休闲娱乐，感受到中心践行打造"爱老敬老、老有所医、老有所乐"的长者家园的康养理念。

调研组与蓬莱市相关政府职能部门座谈

　　与老人访谈之后的座谈会上，蓬莱市主管卫生计生、民政的副市长、各相关职能部门领导对中医院康护中心的医养结合工作充分交流，并指出目前工作中存在的困难及规划。卫计局秦局长首先肯定了康护中心依托丰富的中医资源包括针灸、推拿等分别立科室以及深厚的中医文化底蕴拥有极大优势，同时指出在智能养老方面需要大力借鉴其他地区的先进经验进行技术层面的突破，配套诸如智能手环全覆盖，一键呼救定位及电话功能不稳定、智能床垫信号点位布置规划不合理，信号阻隔智能检测灵敏度不高等问题；护理人员数量缺乏、专业素养技能不足；社区养老家庭医生签约成效不佳，需要做好宣传改进方案提升服务等下一步工作的突破口。在听取消防部门汇报后，王红漫主委强调要高度重视消防器具的维护培养，消防器材的使用培训以及消防设施的技术更新。同时建议提高护理人员的工资水平以保证医护与老人的服务配比以及烟台地区的长护险覆盖范围需逐步从职工长护险扩大到居民长护险，以保障更多老人受益，减轻家庭经济负担。

　　2018年10月，调研组一行不仅实地访了山东省多个县市的医养结合机构，还与各地区卫计、民政、人社、财政、消防等部门的主要领导、民营机构实务工作者以及医务人员等展开了深入细致地交流和探讨。了解到山东省目前老龄化程度为26.8%，山东省作为全国医养结合示范省的医养结合产业运营、管理体制、长护险试点运行等都有亮点和经验，也开创了青岛模式下的六种独具特色的医养结合类型。更重要的是政府的积极作为与支持也在最大程度上激发医养结合项目在未来有着更大的发展前景与潜力，释放出更多动力和活力。王红漫教授强调：2016年提出的"健康中国"战略，把积极应对老龄化、健康老龄化问题放在十分重要的位置，因此医养结合工作的有效开展将在实现健康老龄化目标上发挥浓墨重彩的一笔，并热情洋溢地说"山东省作为示点省，同时又有着非常深厚的文化底蕴，秉承'孝当先，善作魂'的尊老观念，在这片广袤宜人的大地将'长寿之乡、养生盛地'的魅力尽情展现，也将把这种效应推广到更多地区"。调研组对未来医养结合工作提出宝贵的建议，建议从政策层面继续加强顶层设计，制度上指明方向，合理布局，保障规范；从技术层面重视借鉴国外先进经验的同时要勇于创新，敢于突破；从机构建设方面要用公益心和爱心把好事做好，找寻业态融合与社会效益的平衡点，逐步形成可持续的医养产业发展模式。各部门应各司其职，通力合作，正如习近平总书记所说"全社会要一起努力把老年人照顾好"，并向世界展现出新时代的健康中国积极老龄化。

中国卫生经济学会老年健康专业委员会
（来源：《中国医院院长》2018-10-30）

践行"医养结合与老龄事业和产业发展"上海篇

2018年12月，王红漫主任委员（北京大学教授）结束了一学期教学工作，应邀出席"2018中国智库治理暨思想理论传播高峰论坛"后，利用课余时间于上海市进行医养结合实地调研及开展实证研究。此次调研，王红漫主委访谈了上海市卫健委相关负责人，与上海市老年基金会山屿海关爱老年基金主任、复旦大学公共卫生学院卫生管理专业资深教授、上海师范大学社会保障与社会政策研究中心主任等专家进行了座谈，实地走访了幸福里一站式健康生活体验馆、爱照护居家养老服务中心、泰康之家·申园养老社区、上海市志养康复医院（上海市阳光康复中心）、上海市徐汇区康健街道社区卫生服务中心等地，就医养结合与老龄事业和产业运行现状、管理模式、长护险试点运行及相关机构发展状况与基层政府工作人员与实务工作者进行了深入详细的访谈。

本次调研重点考察了上海市医养结合产业运营、管理体制、医联体模式、长护险试点运行及医养结合机构运行现状。分别在上海市闵行区、普陀区、长宁区、松江区和徐汇区进行了调查走访，与上海师范大学教授郝勇、复旦大学资深教授胡善联、上海市老年基金会山屿海关爱老年基金主任上海市卫健委相关负责人李水静以及医务工作者、实业人就健康老龄化、医养结合、智慧养老等情况进行座谈和访谈。

调研走访幸福里并与上海市老年基金会山屿海关爱老年基金主任座谈

调研第一站，王红漫主委和郝勇教授在幸福里与上海市老年基金会山屿海关爱老年基金主任崔光永进行了座谈，据崔主任介绍，关爱基金是由山屿海集团向上海市老年基金会捐赠爱心善款，用于设立关爱老年专项基金。山屿海集团成立关爱老年专项基金，旨在实现爱心企业公益性价值取向和社会责任感铺设平台，同时也使上海社区老人感受到山屿海集团的更多关爱和实惠，弘扬中华民族孝亲敬老的传统美德，对于进一步推进上海老年公益事业、进一步做好上海助老帮困工作，有示范意义。

随后,王主委与郝教授详细了解了幸福里的运营体制、规划布局、环境设施、服务特色等。据其负责人介绍,幸福里是一个以日本"琉球温热疗法"为主题的一站式健康生活体验馆,由温热疗法院、康复俱乐部、柔道整复馆、活力馆、营养教室、茶室、户外康复区、培训部、社区养老服务中心等组成,专注于亚健康群体生活习惯病的康复保健,并提供养老人才的培训教育,同时也是中日之间健康养老行业的合作平台,提供精致的纯日式健康管理服务,以及针对不健康生活习惯致病的综合保健服务,打造了邻里式健康生活模式。

位于上海市闵行区的幸福里约2 000平方米,可以同时容纳50~100人,空间布局开阔明亮,拥有全屋地暖和宽敞的户外花园,在养生保健之余,也能感受闲情雅致。

幸福里外景和内部一隅实拍掠影

第二站,i爱照护居家养老服务中心。据i爱照护居家养老服务中心总裁丁勇介绍，i爱照护倡导养老不离家，智能化技术通过互联网手段，再加上线下的康复护理服务支持帮助老人恢复自理生活的能力，如智能自立支援床可帮助老人提高生活能力、提升自尊心、降低上下床跌倒风险，并减轻家属照护负担；通过计算机视觉技术，实现实时无人看护与服务确认，同时结合数据挖掘技术，分析并预测可能趋势或危险，大幅降低潜在照护成本；通过安装在卧室、客厅、卫生间等处的感应设备提供安全有效的居家保障，让子女放心老人安心的在家养老。通过评估—治疗—训练三个步骤，为长者提供个性化、有针对性的生活技能促进训练，通过生活细节调整和康复训练，帮助患者减轻症状，维持和改善患者的各项功能活动，提高生活质量，有尊严的回归社会回归家庭。

在丁总陪同下调研组一行参访i爱照护科研中心，走访了普陀区万里社区i爱照护长者照护之家，了解到，目前通过长者照护之家与"快捷站"的交叉布点，服务半径可辐射到周围1公里的小区范围。王红漫主委高度赞同养老不离情，养老不离家，并提出了智能床等核心技术一定要自主研发，打造出居家养老服务智能化模式、对i爱照护已开展的养老模式应进行卫生经济学评估等建议。

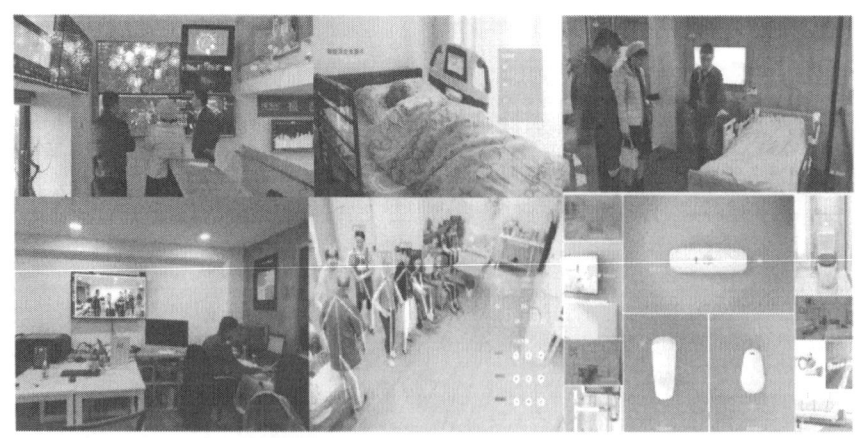

调研走访i爱照护科研中心

第三篇 "医养结合"学术与实践

调研走访i爱照护普陀区万里社区爱照护长者照护之家

第三站,泰康之家·申园,王教授通过与史鸿总经理和一线工作人员的交流、参观了解到,该社区内配备申园康复医院、电影院、瑜伽室、书法绘画室、音乐室等一系列娱乐康养设施,泰康之家·申园依托"活力养老、高端医疗、卓越理财、终极关怀"四位一体,打造养老、健康、财富三个闭环,构建大健康产业生态体系。医养融合是目前泰康之家养老社区护理服务特色,利用医疗护理团队,完全按照住院标准进行,通过健康综合评估、个性化健康方案、全程健康指导、阶梯式优化计划为居民制定个性化照护计划。

第四站,上海市志养康复医院(上海市阳光康复中心),王成副院长介绍:该院2007年由时任上海市委书记习近平、国务院副总理回良玉揭牌落成,总占地面积396亩,一期总建筑面积近5万平方米,是上海市首家公立康复医院、医保定点医疗机构、首批工伤康复定点机构,也是康复医生规范化联合培养基地。目前,医院已成为国家省(市)级三级残疾人康复中心、全国区域性工伤康复示范机构、全国脊髓损伤者"希望之家"资源中心、国家级康复护理专科护士培训基地。医院核定床位360张,

调研走访泰康之家·申园实拍掠影

建立了由内、外、妇、儿等共同支撑的康复服务和临床保障体系，设置了神经康复、脊柱脊髓损伤康复、骨与关节康复等亚专科，形成了工伤职业康复、运动康复、康复工程、中医特色康复等特色学科。秉承"全面康复"的现代康复理念，中心实行"团队服务"工作模式，治疗手段多样，在康复早期介入，改善身心功能障碍，重建生活技能和社会适应能力等领域具有雄厚实力。作为上海市康复医学会继续教育基地及本市首批康复专科医师培训基地，医院为康复医技人员提供高水平、高质量且贴合职业发展需求的培训项目，并成为澳洲科廷大学、香港理工大学、四川大学华西医学院等多所境内外知名高校的临床教学与实习基地。此次调研，王红漫主委一行与上海市养志康复医院实务工作者同谋共计，围绕构建完善的残疾人康复医疗体系，培育康复服务可持续发展模式，进一步提高康复服务质量等多方面工作的开展，合力推进健康中国2030事业的进步和发展。

调研走访上海市阳光康复中心

第五站，上海市徐汇区康健街道社区卫生服务中心，徐东浩院长带领调研组边参观边介绍中心的历程和已开展及拟开展的工作，该中心设有老年护理院床位130张，养老院床位70张（2003年设立），安宁疗护病区床位17张，街道"邻里汇"床位20张，与街道4家养老院（共计400张床位）签订协议书；组建了5个家庭医生团队，每年完成家庭病床450余张；与上海两家护理公司合作开设护理站，提供居家养老服务，形成了比较完善的医老、养老、护老、居老、送老"五老联动"全程健康管理服务体系；在区卫计委、区民政局、街道办事处等部门的大力支持下，中心医养结合工作得到健康快速发展。该中心提出"家住康健，健康人生"的理念，让家住康健的居民尽可能能享受到全方位、全生命周期的健康关爱服务。目前中心与上海中医药大学附属龙华、曙光医院、六院—八院医联体进行合作开展临床业务，与上海大学社会学院社工系专业、上海师范大学心理学系、上海中智信息公司等合作拓展服务内容，全力搭建社区医养结合全程健康管理服务平台。该中心目前已经成为全国爱心护理工程建设基地、全国安宁疗护示范基地、上海市医学伦理安宁疗护伦理实践基地（社区唯一）及上海大学社会学院医务社会工作教学实践基地。安宁疗护科获得全国"关爱生命，奉献爱心"先进集体、全国"关爱生命，奉献爱心"先进个人等荣誉称号，蝉联上海市安宁疗护质量指数测评综合排名第一名。

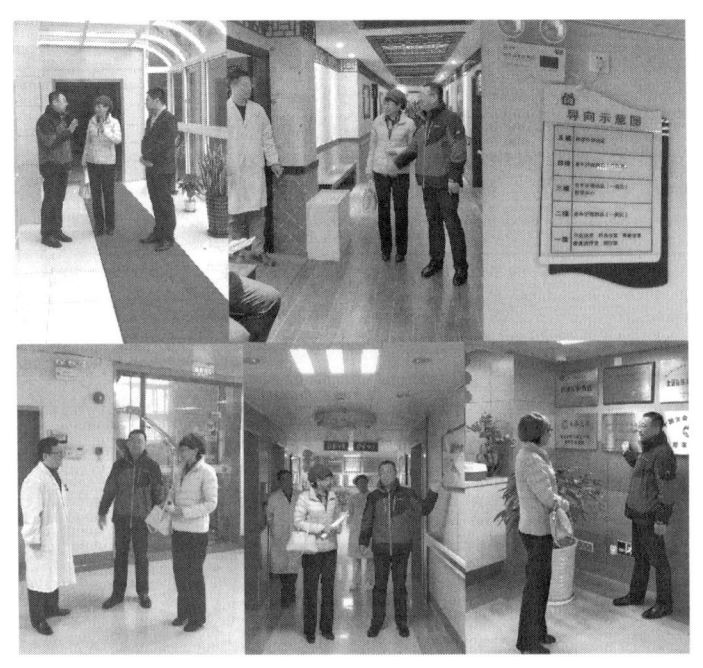

调查走访上海市徐汇区康健街道社区卫生服务中心

结束实证考察后，王红漫主委与胡善联教授进行了3个小时的深入交流，胡教授认为上海市老年健康工作发展平稳，政界和学界互动较好。离沪前，王主委上海市卫健委相关负责人李水静进行了电话访谈，她从政府角度介绍了上海市老年健康工作的情况：上海市卫健委与市发改委、民政局、财政局、医保办等部门以提高老年健康水平为目标，优化社区老年医疗卫生资源，推进医养结合相关工作，制定了老年医疗护理体系发展"十三五"规划，截止到2018年6月，全市医疗机构内老年医疗护理床位共3.3万张，到2020年，实施本市户籍老人1.5%护理床位建设目标，医疗机构和养老机构各建设50%护理床位；上海市积极推进二级公立医院功能转型，提升医疗机构长期护理服务能力，成立老年护理管理质量中心，支持养老机构设立医疗机构，截止到2017年年底，医疗机构的养老机构达到了283家，基本实现了全市一定规模的养老机构设置医疗机构的目标；开展推进国家医养结合试点建设，推进家庭医生制度建设，推进社区安宁疗护工作，规范社区卫生服务中心与养老机构签约服务，制定老年照护统一需求评估标准，开展评估员培训，推进评估机构建设，开展长护险试点相关工作，开展基层医疗机构护理院专业照护职能培训等，注重政府主导与社会参与相结合；就下一步上海市卫健委将注重政府主导与社会参与相结合，加快老年医疗护理和医养结合体系建设，发挥社区卫生服务中心平台作用，整合各类资源，促进为老年人的健康服务水平的进一步提高达成共识。

（来源：《医师报》2019-01-15）

第二章 "医养结合"学术交流

推进医养结合　实现协同共赢

在中国逐渐进入社会老龄化大背景下,为实现健康老龄化、理想老龄化,有效解决养老服务供需结构失衡问题,统筹相关医疗、养老资源,提高资源利用效率,推动全面建成小康社会,政府致力于打造健康中国,探索和推广各种医养结合模式,并制定了相应的政策支持。《国务院关于加快发展养老服务业的若干意见》(国发〔2013〕35号)指出,要"积极推进医疗卫生与养老服务相结合,推动医养融合发展,各地要促进医疗卫生资源进入养老机构、社区和居民家庭"。《国务院关于促进健康服务业发展的若干意见》(国发〔2013〕40号)指出,要"推进医疗机构与养老机构等加强合作。在养老服务中充分融入健康理念,加强医疗卫生服务支撑"。《国务院关于推进医疗卫生与养老服务相结合的指导意见》(国发〔2015〕84号)则提出了医养结合的基本原则、发展目标、重点任务和保障措施,以进一步推进医疗卫生与养老服务相结合。党的十九大报告中进一步明确提出的"积极应对人口老龄化,构建养老、孝老、敬老政策体系和社会环境,推进医养结合,加快老龄事业和产业发展。"

当前,医养结合模式已在多个城市进行试点,取得一定成效。医养结合的模式大致分为三种类型:在养老机构内开设医疗机构、在医疗机构内开设养老机构、养老机构与医疗机构合作。医养结合模式将医疗资源融入养老服务之中,省去了中间环节,大大节省了照料成本和医疗开支。从内涵上说,医养结合超越了传统理念中只强调提供养老服务的单一模式，更加注重养老服务与医疗服务的融合，满足了老年人群的特殊需求，提高了老年人生活质量。作为社会养老的一种创新模式，医养结合模式应该成为发展中国特色养老事业的必然选择。

一、医养结合养老模式发展存在的主要问题

第一，政府多头管理，职责不够明晰。从业务范围看，养老保障业务由民政部门、人力资源和社会保障部门主管；医疗保障业务的主管部门除民政部门、人力资源和社会保障部门外，还有卫生部门。从机构管理看，各级养老机构隶属于民政部门管辖，医疗机构隶属于卫生部门管辖，医疗保险费用报销事宜则由人力资源和社会保障部门主管。政府管理出现了民政、卫生、人力资源和社会保障等部门的多头管理的体制，也易出现职责、权力、利益之间的矛盾和冲突。

第二，医养结合监管体系不够健全。国外尤其欧美国家，多已建立了全面的老年医疗照护监管体系，通过严格监管，提高养老质量。我国医养结合尚缺乏明确的监管体系。主要是监管标准不完善、项目条件不足、医疗隐患多、监管职能交叉等方面的不足或缺失。

第三，医养结合机构未形成完整的准入、评估机制。养老服务管理需要多方面行业标准体系的支撑，例如设施标准、服务标准、价格标准等。然而当前养老市场未建立严密的行业管理与认证体系。各地区医养结合养老模式的发展存在建设、收费、服务标准不一，管理不够规范，严重限制了医养结合模式的发展。

第四，医养结合养老模式人才队伍建设不足。医养结合模式作为医疗与养老相结合的一种专业化的特殊服务，需要具有不同专业背景、经过系统培训的专业人员。目前，养老行业和医疗行业，都缺乏从事老年人医疗护理的专业人才，是限制两者发展的主要问题。老年医疗、护理、康复机构的人才的培养问题尚未得到足够重视，专业照护从业人员数量不足、人才质量不高、能力不强，不能满足老年人口不断增长的多元化

需求,供需失衡突出。

第五,学界对医养结合模式的研究不足。在逐步进入社会老龄化大背景下,医养结合养老模式备受关注,成为学界研究热点。但国内医养结合研究起步较晚,尚处于探索期。多数研究为案例分析,探讨各地医养结合的试点实践成果、存在问题并提出建议,缺少全国性医养结合养老模式的统筹研究。国内研究数量较少,缺乏理论性系统研究,理论探讨不够深入。同时,学者一致认为医养结合机构的监管、准入、审核、评估存在不规范现象,甚至严重匮乏,从而制约了医养结合养老模式的发展。学者提出的改进建议比较笼统,缺少具体措施。

二、推进医养协同发展的建议

第一,推进具有中国特色、跨部门的医养结合养老模式制度建设。设立高一级的统筹管理部门,协调养老医疗资源,建立统一完善的养老和医疗配套政策。厘清明确下属相关部门的职责权限,例如,由卫生部门负责制定医疗机构准入和医疗行为的监管制度;由民政部门负责制定养老机构注册及其资质准入制度以及纳入医保的资质标准。相关部门加强合作,根据职责权限,分别修订关于养老和医疗资格准入、机构规范、行业管理等相关政策,从执行层面推动医养结合服务的统一和完善。

第二,健全医养结合监管体系。各级民政部门和卫生主管部门建立健全相关法规,设立监管制度,发挥自身监管主体的责任,鼓励社会各界监督各项标准和规划的实施。

第三,建立医养结合机构的准入、评估机制。加快研究制定和完善相关服务标准、设施标准和管理规范,制定因病托老机构的建设标准,建立等级评定制度及评估制度,进而制定医养结合服务机构的准入、退出机制,规范医养结合服务市场行为,确保规范运营。在医养结合机构的准入条件上,建议鼓励民间资本举办规模化、连锁化的养老机构,降低民间资本和社会力量创办养老机构的门槛,简化手续、规范程序、增加补贴，减少民间资本和社会力量投资"医养结合"养老服务的成本。

第四，加强医养结合养老模式人才队伍建设。开展多层次养老护理教育，增加老年护理的相关知识和专业训练；提供行业补贴，增强行业吸引力。除了传统的高校、高职高专、中专等职业教育体系，还可以在老年大学增设老年护理专业，增加对老年护理的培训资金投入。

第五，深入开展对医养结合养老模式的学术研究。在研究视角上，探索多学科、多理论的交叉运用，从跨学科的视角，多角度对研究对象进行分析和探讨。加强理论性系统研究和国外经验本土化的研究。加强医养结合机构的监管、准入、审核、评估方面的研究，提出有可操作性的建议。开展医养结合创新模式的研究及现有模式成效的研究。

（来源：人民论坛网 2018-01-04）

促进我国老年人健康养老的建议

国家统计局最新公布的《2017年国民经济和社会发展统计公报》显示，截至2017年底，中国60周岁及以上人口达2.4亿人。据预计到2020年，全国60岁以上老年人口将增加到2.55亿人左右，占总人口比例提升到17.8%左右；高龄老年人将增加到2900万人左右，独居和空巢老年人将增加到1.18亿人左右，老年抚养比例将提高到28%左右；用于老年人的社会保障支出将持续增长；农村实际居住人口老龄化程度可能进一步加深。积极应对人口老龄化，已成为全面实现小康社会的一项紧迫任务。

自2016年2月，习近平总书记高度重视养老问题，关注之重、密度之高、规格之高，其核心论断强调"要立足当前、着眼长远，加强顶层设计，完善生育、就业、养老等重大政策和制度，做到及时应对、科学应对、综合应对"。这是新时期老年健康工作的重要指导思想。国务院及各有关部门高度重视，制定了一系列规划和应对措施。国务院印发了《"十三五"国家老龄事业发展和养老体系建设规划》，国家卫生计生委、国家发改委等13家部门联合制定了《"十三五"健康老龄化规划》；国务院办公厅提出《关于进一步扩大旅游文化体育健康养老教育培训等领域消费的意见》等。面对我国人口老龄阶段保持身体和精神的健康以及良好发展状态，老年人安然、和谐、有尊严地度过老年阶段，提高生活质量、促进健康养老问题，我国还需要加大应对老龄社会到来的充分准备，为此，提出如下建议：

一、在全社会树立正确的老龄观

社会老龄化趋势加剧被很多人看成是"大问题"。其实，"老"是一种人生常态，也是社会常态。它不应该是"问题"，而是"议题"，值得全社会关注和面对。人人向老而生，我们应该学会如何"与老共处"，积极面对老龄化社会，帮助老年人和未来的老年人实现积极主动的健康享老。宣传推荐联合国的年龄划分标准。

二、立法先行建立高龄者医疗保险或长护险

为应对高龄化（90岁以上）背景下老年人医疗保险的特殊需求，制定《高龄者医疗保障法》/《高龄者长护险》，实施以老年人为对象的特别医疗保险制度。我国的医疗保险制度改革取得了一定成效，不同省市、地区、行业或企业的做法不尽相同，因此发展极不平衡，存在着医疗费不合理支出或大量浪费的同时，也存在着部分高龄者的医疗需求得不到满足的情况，特别是农村高龄老年人的医疗需求得到基本满足。通过统一立法，尽可能好地解决这些矛盾。

三、重视老年学教育和科学研究

2015年2月笔者提出在高等医药院校设置老年医学、老年药学专业和老年护理专业，在综合性大学设置社会老年学必选课。加强老年基础医学理论研究。建立跨学科老年生物科学研究中心，利用高新科学技术为老龄化服务，包括老年医疗生物用品以及医疗新技术，如低侵袭性的低温医学、肝肿瘤的冷冻治疗、冷冻保存自身红细胞和血小板在心血管外科中的应用等新技术的临床应用，为健康养老提供更多可能，以提高老年人的生活质量。2018年5月18日，国家老年医学中心、国家老年疾病临床医学研究中心在北京医院揭牌，迈出可喜一步。老年教育和科学研究，我国处于较滞后地位，应是下一步工作重中之重。目前高等医药院校设置老年医学、老年药学专业和老年护理专业，在综合性大学设置社会老年学必选课仍未落到实处。建议教育部门积极推进。

四、加强对老年期健康生活的指导

国家引导社会有关部门重视对老年人膳食结构的指导，科学宣传的膳食指南，发展健康食品和保健品，减少营养过剩、营养缺乏和不平衡引发的疾病；实施和推进各项适应老年人需要的生活服务和文化活动，发展适合老年人特点的体育运动项目；关注老年人心理健康，开展心理咨询，帮助老年人确立合理的心理预期，增强自我心理调适，提倡老年人要自尊、自信；发展为老服务产业，满足老年人对设施、产品和服务的需求，促进健康老龄化，对于减轻国家和家庭负担，都有不可忽视的作用。

五、构筑健康养老的和谐社会

在社会各成员权益得到兼顾的前提下，弘扬尊老、敬老的传统文化，使全社会成员认同：老年人过去为国家、社会和家庭做出了贡献，作为公正回报，社会应向老年人提供支持；老年人作为脆弱群体，应当得到社会更多的帮助，使其融入社会发展，跟上时代步伐；老年人不受年龄歧视，有参与社会发展的权利；老年人的重大政策，要吸收老年人的合理意见；以不伤害、有益于人、尊重人和对人公平的社会伦理准则构筑健康养老的和谐社会。

六、把健康促进作为系统工程

从日常生活方式和行为入手，对老年人加强健康倡导、健康促进和健康干预；开展重点人群预防和疾病的监测。政府和社会通过各种大众媒体和新媒体，传播健康知识，消除各种恶意和无意地错误消息传播；加强老年期健康教育，重视老年病的预防、康复，提高老年人自我保健能力，减少伤残和依赖；延长健康期、缩短带病期和伤残期。这是关系国家和社会的负担问题，关系到未来我国人口老龄化社会整体生态的战略问题。将健康知识的传播和健康的生活方式养成纳入国民基本教育，促进全人群健康作为一项系统工程，把健康人群带入老龄化社会是促进健康养老的根本性问题。

（来源：光明网2018-06-07）

关于建立国家第六项社会保险（长期护理保险）的建议

长期护理保险（以下简称"长护险"）制度与医疗保险用于保障参保者的疾病治疗不同，该险种用于帮助长期失能者的生活照料和必要医疗日常护理。我国人口老龄化呈现的人口规模大、速度快、高峰持续时间长等特点，对经济社会发展具有全方位和极其深刻的影响。在人口快速老龄化、少子老龄化、空巢老龄化、未富先老、人口大规模流动等背景下，老年人对医疗保健、康复护理等服务的需求日益增加，如何稳妥地照护失能老年人是我国应对银发浪潮的关键问题之一，其重要性毋庸赘述。《国民经济和社会发展第十三个五年规划纲要》指出：为推进健康中国建设，要"深化医药卫生体制改革，坚持预防为主的方针，建立健全基本医疗卫生制度，实现人人享有基本医疗卫生服务，推广全民健身，提高人民健康水平"。《人力资源社会保障部办公厅关于开展长期护理保险制度试点的指导意见》（人社厅发〔2016〕80号）明确，"探索建立以社会互助共济方式筹集资金，为长期失能人员的基本生活照料和与基本生活密切相关的医疗护理提供资金或服务保障的社会保险制度……力争在'十三五'期间，基本形成适应我国社会主义市场经济体制的长期护理保险制度政策框架"。针对老年人长期照护支付能力不足的问题，政策设计更加创新，既有在原基础上深化推进，也有在新的重点领域的先试先行，根据人力社保部的最新数据，经过两年来的探索，承德市、长春市、齐齐哈尔市、南通市、苏州市、宁波市、安庆市、上饶市、青岛市、荆门市、广州市、重庆市、成都市、石河子15个试点城市均发布了长护险的实施政策，山东和吉林已在全省范围内推行长护险，目前，长护险参保覆盖城市人口超过4800万，形成了单位、个人、财政、社会和医保责任共担的筹资格局，为缓解失能老年人个人和家庭的负担、增添广大失能老人的安全感和获得感，减少社会化住院等起到积极的促进作用，与此同时，长期护理保险制度的试点还发挥了良好的外部效应，吸引投资、并购海外长护险公司，也为我国建立第六项社会保险——长护险提供了宝贵的经验。

中国卫生经济学会老年健康专业委员会通过对所有试点地区的长护险政策收集和整理、试点执行状况的数据归纳，以及重庆、青岛、齐齐哈尔等试点地区的个案研究，对于在养老、医疗、工伤、失业、生育5项社会保险之外，一项新的社会保险——长护险进一步完善提出以下建议。

第一，完善长护险的筹资渠道。以医保基金为主要筹资来源，是目前各试点地区采取的主要方式。然而，各地区普遍反映该方式可能会影响长护险筹资的稳定性。从长远而言，建立独立的筹资渠道、账户和多元筹资机制是必经之路。从国际经验看，尽管政府财政参与长护险筹资有利于增强其筹资能力，但是政府筹资比例过高可能会在未来的20~30年间给公共财政造成越来越大的负担（如日本）。因此，应当理性地看待公共财政在长护险筹资中产生的积极作用、合理设置各主体在长护险筹资中的角色。

第二，促进长护险和医养结合的有序配合。在我国长护险和医养结合的双重试点地区，我们发现长护险有效地促进了医养结合的机构培育和服务供给。长护险增强了长护服务消费者的付费能力，是一种补需方的手段。在医疗急症、手术后的康复期和平稳期，老年人利用长护险合理购买照护服务，更好地满足了老年人的医养需求。这种模式值得在更广泛的地区推广。

第三，坚持以强制方式推广长护险。结合美国实施商业长护险的经验以及我国商业健康保险市场的发育状况，在我国通过商业长护险的方式满足广大失能老年人的长护服务需求是不可行的。以强制方式推广长护险，可以促进社会公平性，最大限度地发挥保险的大数法则，避免保险的碎片化、区隔化风险，更有利于保障我国每个失能老年人得到适当的长护服务。

第四，加强长护险试点地区的实证研究和经验总结。目前，部分试点地区（如青岛）积累了关于长护险筹资、评估、支付等方面的数据；在试点期间，各地区也逐步累积了大量的长护险数据。政府、学界和其他利益相关者应及时分析这些数据，主题应包括：（1）长护险的社会效益，包括减少社会化就医、缓解失能对老年人及其家庭的负担、长护险对于养老、护理和康复市场培育的影响等；（2）长护险的可持续性，包括收支平衡、运行风险、经办途径等；（3）比较分析各试点地区长护险的优劣，各地在保障范围、参保范围、筹资机制、待遇支付、经办管理方面都有所不同，这相当于创造了一个社会性试验的场域，通过比较分析各地的数据，有利于摸索总结长护险的适宜制度设计。

第五，发挥老年健康专业委员会智库作用。中国卫生经济学会老年健康专业委员会汇聚了国内长护险研究方面的顶级人才，在保险、公共卫生、护理、养老、社会学、法学等方面都具有明显的优势。老年健康专业委员成功主办了"我国和国际健康养老的现状和挑战"首届论坛、"医养结合与老龄事业和产业发展学术研讨会"、承担国家级继续教育项目"应对高龄化（80岁以上）背景下老年人医疗保险培训班"，老年健康专业委员会有能力为我国长护险发展提供强有力的智库支撑作用。国家可将实证研究、经验总结、长护险立法制度设计项目工作委托老年健康专业委员会（第三方）独立的专业机构完成。发挥老年健康专业委员会智库作用。

第六，分步推进，2035年实现长护险人口全覆盖。根据我国经济、社会发展水平和历史文化传统分析，建议分三步走，既可缓解公共财政的压力，又有利于稳步推进长护险落地。第一步，"十三五"期间实现80岁以上或90岁以上老年人（根据财力和社会力量的实情）长护险全覆盖；第二步，"十四五"和"十五五"期间，65岁以上老年人长护险全覆盖；第三步，2035年建立统一的长护险制度，作为一项全民覆盖的社会保险强制实施，保障范围是长期失能的人员，惠及的人群不只是老年人，还包括遭遇意外后造成失能的中青年人，以及先天性疾病造成失能的孩子。

（来源：光明网 2018-07-10）

召开丽水长寿之乡高龄老人医疗保障研讨会

8月15日晚在华侨开元名都大酒店召开了由丽水市卫生和计划生育委员会、丽水市民政局和丽水市人民医院主办的丽水长寿之乡高龄老人医疗保障研讨会。此次研讨会以"健康丽水"背景下的医疗保障与医养结合为主题。丽水市老龄办主任朱雪飞，北京大学教授王红漫及办方相关领导、学科代表等有关人员参会。会议由丽水市人民医院党委书记、院长黄刚主持。

朱雪飞主任介绍了丽水市老龄化情况，并指出当前老龄化应对工作处于低层次的初级阶段，城乡发展不均衡，面对新问题的解决还比较薄弱，体制机制不够顺畅，应加快推进养老服务体系建设，加强老年人健康管理服务。

黄刚院长介绍了"健康丽水"情况，主要问题是基础薄弱，"全力共建大健康"理念仍需加强，人才物力保障有待提高。需要建立起好的工作机制，对标检查，整改推进，抓住丽水特色并不断完善。

第三篇 "医养结合"学术与实践

市民政局和市卫生计生委领导对养老服务补贴和医养结合工作的顺利推进等内容进行了补充。

王红漫教授总结指导,她表示,"健康丽水"模式要贴近百姓需求,以家庭养老为主,社区养老为辅,用思想进行武装,做好相关培训的同时,要更有切入点地做好各项工作,丽水不仅是"长寿之乡",更要成为"康寿之乡"。

(来源:丽水市人民医院2018-08-17)

国家老年健康专家三次专访丽水市第二人民医院深入调研丽水市医养现状

近日，中国"应对高龄化（80岁以上）背景下老年人医疗保险培训项目"在浙江丽水召开，来自清华、北大、中科院、中央党校等国家最高学府的10余位教授学者齐聚"养生福地、长寿之乡"丽水，共商医养康养健康产业，探索积极老龄化（享老）丽水模式发展。期间，全国老龄办副主任吴玉韶、中国卫生经济学会老年健康专委会主委王红漫（北大博导）带领副主委尹志刚（北京社会建设研究会会长）、委员郭桂芳（北京大学博导）、培训班学员（外地）等30余人，先后三次专程到丽水市第二人民医院（丽水市老年病医院）调研，实地走访医院的老年病防治中心、记忆障碍诊治中心、康复医学中心、睡眠医学技术指导中心以及老年ICU病房等老年相关学科，深入临床了解老年学科建设情况，并就老年人医养康养，如何应对老龄化等问题进行了交流。

　　三次的专程访谈，丽水市二院给吴主任、王教授一行留下了深刻印象，吴玉韶盛赞医院作为老年病专科医院不仅专注老年人身体健康、心理健康，还积极引导社会参与，有效地满足了区域内老年健康需求，医院注重医养结合、老年功能康复，十分符合目前国际提倡的老年医院模式。

　　王红漫表示，老年人的健康医疗问题，事关家庭和谐和社会发展，意义重大，市二院在老年医学上开展的工作很务实，也有很多创新举措，特别是老年专科与康复专科、心理专科的有效结合，使老年人得到全方位的护理，值得推崇和借鉴，国家健康老年中心可以考虑与医院开展合作互助。

丽水市二院书记、院长、丽水市老年医学首席专家岗位带头人吴绍长向专家学者们介绍了丽水市老年病防治的现状、医院在老年医学、医养结合上的探索和当前工作中遇到的问题,重点介绍了医院在老年科实施的"一心、二手、三专科、五特色"服务,"一心"即以老年人为中心;"二手"即一手抓业务,一手抓科研;"三专科"即老年痴呆、老年康复、老年心理;"五特色"即中西医结合特色、早期康复特色、心理治疗特色、优质护理特色、营养学特色。交流中,双方还就如何为老年人提供方便、优质、全面的医疗服务,如何完善老年人(特别是失智失能和半失能老人)的康复护理,如何开展临终关怀等具体问题进行了深入探讨。

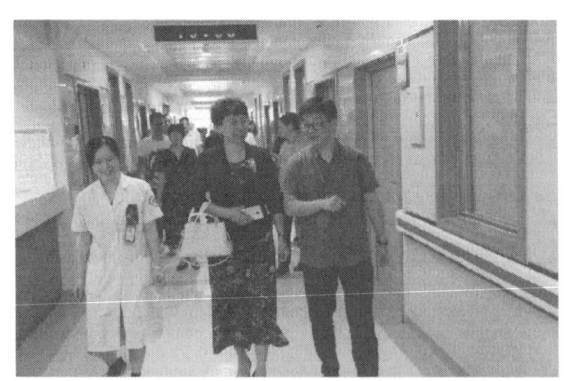

王红漫教授对丽水市二院的老年健康管理、医养结合、老年康复等工作予以了充分肯定,她希望医院作为区域内的为老人医疗服务龙头机构,要进一步提升丽水地区老年医疗卫生服务的质量和水平,并围绕老人

对养老、医疗、护理、康复需求，为丽水市各医养结合机构提供老年病治疗技术支持，与养老机构合作提供医疗服务，向居家养老的老人提供就医绿色通道等。

浙江省丽水市第二人民医院是一所富有专科特色的现代化三级甲等医院，系丽水市老年医院、丽水市心理医院，是丽水市老年病防治中心、丽水市精神卫生中心、丽水市记忆障碍诊治技术指导中心、丽水市睡眠医学技术指导中心、丽水市心身疾病防治中心、丽水市自愿戒毒中心、丽水市司法鉴定中心和丽水市心理咨询治疗中心。先后成为上海交通大学Bio-X研究院附属医院、山东济宁医学院教学医院、丽水学院附属第二医院，并成立了院士工作站——上海交大贺林院士工作站。

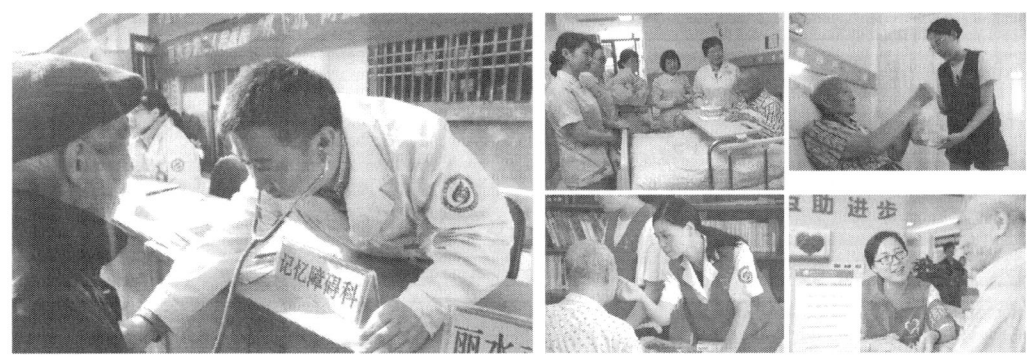

医院的老年医学科是丽水市首席专家岗位，目前该科已涵盖老年记忆科（老年痴呆）、老年睡眠科、老年心理科、老年康复科、老年ICU、

老年呼吸科等10个亚专科，老年医学在浙江省老年医学领域享有盛誉。今后，医院将继续在"脑科老年科为主，多科协同发展"的办院思路引领下，积极投身丽水市老年病的预防、诊治、康复、科研及技术推广工作，大力协助发展医养康养健康产业，探索和推进健康老龄化、积极老龄化的丽水模式。

（来源：丽水市第二人民医院2018-08-22）

首届"应对高龄化（80岁以上）背景下老年人医疗保险培训班"圆满结束 学员受益颇丰

2018年8月15日~17日，首届"应对高龄化（80岁以上）背景下老年人医疗保险培训班"在浙江丽水顺利举办。培训班由中国卫生经济学会老年健康学会专业委员会主委王红漫（北京大学博士生导师）、委员黄刚（丽水人民医院院长）精心策划组织，中国卫生经济学会老年健康专业委员会主办，丽水市卫生计划委员会、丽水市民政局、丽水市人民医院协办。来自政府的工作人员、医疗机构、养老管理机构人员、社会养老机构、保险公司工作人员等近百人参加本次培训会。

此次为期3天的培训班进行了科学的课程设计和精心的教学组织，课程内容丰富。主要课程有"老龄化进程中全球公共卫生面临的挑战与对策""更好推进医养结合：机遇与挑战""老年人长期护理模式的实践""创建'康联体'—降低风险，造福百姓""医养结合养老模式探索与思考""再生医学与老年健康""如何科学测量老年人生活自理能力""养老保险在社会保障中的特点""长期照顾保险的建立与规范"等。邀请了全国诸多领域的知名专家学者进行讲授，并与学员进行热烈的课堂交流讨论。此外，还安排了实地参访医养结合养老机构考察和体验，学员讨论设计课——尝试设计医养结合长护险。最后，为全程参与培训的学员颁发国家级继教学分证书。受到学员的热烈欢迎，取得了预期的培训成果。参加培训的学员们可谓受益颇丰，均感觉到不虚此行，意犹未尽。

首届"应对高龄化（80岁以上）背景下老年人医疗保险培训班"现场

以下是几位参加本次培训的学员代表的学习心得与体会。

雷李美（丽水市人民医院全科医学主任）：

2018年1月14日，国务院办公厅印发《关于改革完善全科医生培养与使用激励机制的意见》指出："全科医生是居民健康和控制医疗费用支出的'守门人'，在基本医疗卫生服务中发挥着重要作用"。老百姓得病，第一道关口应该是全科医生，"老百姓有什么不舒服，第一时间去求助的就应该是全科医生。"在这一轮的医疗体制改革中，国家及政府需要全科医生在基本医疗卫生服务上承担更多的责任，与责任相对的是基层的全科医生开始面对巨大挑战。

这次培训虽然时间不长，但规格很高，授课专家有清华、北大、中央党校等我国最高学府的10余位教授、学者，给我们学员带来一场学术盛宴。特别是深圳市光明新区中心医院王利玲副院长介绍的"家庭病床"服务创新举措给自己今天的工作思路带来重大启发，这种模式不仅降低了医疗费用，而且还可以让患者在熟悉的家中接受医疗和护理，为居家老年人和慢性病患者提供贴心、便捷、安全的医疗服务，值得我们学习和借鉴。

下一步，我们将在实际的临床工作中，吸收消化此培训的内容，认真借鉴光明新区中心在家庭病床和护理院工作所取得的经验，大胆做出设想和创新，做好居民健康和控制医疗费用支出的"守门人"。

罗达欣（深圳市光明新区中心医院代表）：

首先感谢主办单位中国卫生经济学会老年健康专业委员会及协办单位浙江省卫生计生委、丽水市民政局、丽水市人民医院组织的本次首届"应对高龄化（80岁以上）背景下老年人医疗保险"培训班，作为学员代表，在整个培训的过程中，我受益颇多。

深圳市光明新区中心医院代表罗达欣

光明新区家庭病床服务运营将近有4年，目前可申请家庭病床服务对象主要是"长期卧床，生活不能自理"，且"病情符合住院条件，需要医护人员定期上门实施治疗，有近两年来一级医院以上的住院或门诊诊疗记录"条件的8类患者。"家庭医生"上门可开展的诊疗项目包括静脉输液、换药、褥疮护理、导尿、吸氧等以及测血糖、抽血化验等。社保光明分局对家庭病床开通了医保记账对接端口，明确了医保申报程序，制定了具体全面的实施规则和操作流程，为参保人申请家庭病床解决了费用报销的后顾之忧。但目前深圳市的家庭病床建床例数有限，且与资源潜力相差甚远，我们还需要不断的学习与改进。

三天的培训，使我了解我国老龄化的特征、我国老龄工作的方针、养老保障在社会保障中的特点、长期照顾保险建立和规范、浙江丽水医养结合养老模式等，实地参访了怡福家园。10余门课程，各位教授从观念到知识与素质，从再生医学到老年健康都做了深入浅出的精彩诠释，在学习过程中，我们学员们都是怀着空杯的心态，本着尊重知识、尊重老师的正确态度全情投入。

通过本次培训我们丰富了知识，更新了观念，拓宽了视野，拓展了思路，更收获了成长的快乐，这必将使我们受益终身，同时也欢迎各位专家和学员来深圳光明指导考察！

姜兰芳（怡福家园院长）：

怡福家园是一家公办民营、养医结合型的高端养老机构，主要给高龄、失能、半失能的老年人提供养老服务。目前，我们除了基本的养老服务，还提供专业的医疗护理养老服务。怡福家园的养老特色就是医养结合、以养为主、持续照料。"医养结合"是在传统养老模式基础上，融入医疗保障，实现社会资源利用的最大化。在"医养结合"工作方面，我们得到了丽水市人民医院较大的支持，在建园初期就和丽水市人民医院建立了绿色就医通道，医院定期派医生查房、巡诊。

怡福家园院长姜兰芳

医养结合是一种新型的养老服务模式,在实践中过程中如何操作与落地等诸多具体问题,怡福家园的医养结合依旧处于初步探索阶段。此次培训班的为我们注入了新的养料,会议从国家层面分析了医养结合的机遇、挑战与现行法律法规政策等,为今后我们医养结合的发展提供一些思路与参考,受益匪浅,再次对此次的主办单位、协办单位表示衷心的感谢!

陈玉兰(青田仁济养护院):

非常荣幸参加这么高规格的国家级培训班,让我们在家门口就可以听到,清华、北大、中科院等国家顶级学者的授课,学到很多知识。青田仁济养护院是青田县第一家公建民营、医养结合的养老机构,是青田2016年重点的招商引资项目。前身是青田县第一敬老院和社会福利院。近年来,青田仁济养护院有了较大发展,但总体上看,还存在一些问题和不足,主要表现在:医养结合服务供给不足、服务体系不健全,医疗设施功能弱、服务水平低等,这些问题或不足制约了我院医养结合服务体系建设的进一步发展和完善。

青田仁济养护院陈玉兰

通过这三天的学习,了解到了健康老龄化战略,老龄化进程中全球公共卫生面临的挑战与对策等,深受启发,目前我院医养结合尚存在医疗资源与养老资源结合不够紧密、相关政策未能联动、高水平医护人员短缺等问题,希望今后能得到中国卫生经济学会老年健康专业委员会,丽水市人民医院的支持和指导,探索出最适的医养结合模式。

(来源:《中国医院院长》2018-08-23)

参考文献

［1］WHO. World Health Statistics 2018［EB/OL］. http：//www.who.int/gho/publications/world_health_statistics/2018/en/.

［2］张华，吴利平，王晓明，等.中国老年医学发展与老年医学教育的思考［J］.中国高等医学教育，2014,（8）：24-25.

［3］国家统计局.2017年国民经济和社会发展统计公报.

［4］第四次中国城乡老年人生活状况抽样调查：2016：10.

［5］吴玲芳，姜婷娜，卢慧.机构养老的发展现状及困境分析——以南京市为例［J］.科教导刊，2016,（33）：191-192.

［6］陈溢依.家庭养老、社区养老和机构养老的比较分析［J］.中国管理信息化，2016, 19（10）：207.

［7］陈唯豪.中国社区养老的可行性分析［J］.学理论，2015,（1）：94-96.

［8］戴卫东.家庭养老的可持续性分析［J］.现代经济探讨，2010,（2）：22-26.

［9］潘峰，宋峰.互联网+社区养老：智能养老新思维［J］.学习与实践，2015,（9）：99-105.

［10］蔡纯琦，林梅.浅议"社区养老"与"机构养老"的结合［J］.科技资讯，2013,（13）：229.

［11］李玉玲.我国居家、社区、机构养老服务融合模式发展研究［J］.学术探索，2016,（9）：61-65.

［12］于卫华，林丹，陈雪羚.医养结合型长期照护的研究现状［J］.中国护理管理，2013, 13（04）：91-93.

［13］肖建伶，杨艳旭，钟源，徐榛敏，胡凌娟.北京市养老院发展中西医结合护理模式的探讨——附50家养老院的调查［J］.齐齐哈尔医学院学报，2014，35（22）：3351-3353.

［14］黄佳豪，孟昉."医养结合"养老模式的必要性、困境与对策［J］.中国卫生政策研究，2014，7（06）：63-68.

［15］丁露露，吴美珍."医养结合"下民营养老机构的医疗个性化服务的研究［J］.经营管理者，2015，23：210.

［16］"9073"的上海养老格局.［EB/OL］.财经网，［2013-04］.http：//money.163.com/13/0410/18/8S4AN36I00253B0H.html.

［17］新疆打造"医养结合"新模式全方位助力老年人健康养老.［EB/OL］.央广网，［2017-12］.http：//china.cnr.cn/ygxw/20171211/t20171211_524057385.shtml.

［18］医养结合"秦淮模式"成效引全国关注.［EB/OL］.南京日报，［2017-12］.http：//news.163.com/17/1208/06/D544PUC1000187VI.html.

［19］医养结合盘活了现有资源"青岛模式"叫响全国.［EB/OL］.凤凰网，［2017-09］.http：//news.ifeng.com/a/20170913/51975885_0.shtml.

［20］践行"医养结合与老龄事业和产业发展"青岛篇［EB/OL］.中国医院院长，［2018-10］.http：//www.h-ceo.com/zixun/zhuanlan/2018-10-23/2589.html.

［21］昆明医养结合"311"模式引人注目.［EB/OL］.昆明日报，［2017-04］.http：//www.ynhrss.gov.cn/NewsView.aspx？NewsID=22413&ClassID=369.

［22］成都医养结合新模式出台：楼上入住楼下就医［EB/OL］.四川在线，［2016-10］.http：//sichuan.scol.com.cn/cddt/201610/55677834.html.

［23］践行"医养结合与老龄事业和产业发展"四川篇［EB/OL］.中国医院院长，［2018-01］.http：//www.h-ceo.com/zixun/chanye/2018-01-26/1885.html.

［24］践行"医养结合与老龄事业和产业发展"丽水篇［EB/OL］.中国

医院院长,[2018-02].http://www.h-ceo.com/zixun/chanye/2018-02-26/2034.html.

[25] 践行"医养结合与老龄事业和产业发展"山西篇[EB/OL].中国医院院长,[2018-05].http://www.h-ceo.com/zixun/zhuanlan/2018-05-14/2300.html.

[26] 践行"医养结合与老龄事业和产业发展"黑龙江篇[EB/OL].中国医院院长,[2018-06].http://www.h-ceo.com/zixun/zhuanlan/2018-06-04/2354.html.

[27] 践行"医养结合与老龄事业和产业发展"烟台篇[EB/OL].中国医院院长,[2018-06].http://www.h-ceo.com/zixun/zhuanlan/2018-10-30/2597.html.

[28] 国家卫计委:"医养结合"有四种模式[EB/OL].中国妇女报,[2015-05].http://www.cn-healthcare.com/article/20150512/content-473761.html.

[29] 医疗机构基本标准(试行)[EB/OL].国家卫生计生委,[2017-06].http://hospital.hf.cas.cn/hfzl/hfzl_yyxw/hfzl_tztg/201706/W020170616337930798108.pdf.

[30] Bela B. Institutional care of the elderly [J]. The Hastings Center Report, 1994, 24(5): 14-17.

[31] Nishimura Y, Oikawa M. Effects of Informal Elderly Care on Labor Supply: Exploitation of Government Intervention on the Supply Side of Elderly Care Market [N]. Health Econometrics & Data Group Working Papers, 2017. https://ideas.repec.org/p/yor/hectdg/17-02.html#author.

[32] Sadiq A. Residential care concepts offer a solution for health care institutions [Master Thesis]. Delft University of Technology. Delft, Netherlands, 2016.

[33] Laura R. Gadsby. PACE-Program of All Inclusive Care for the Elderly [J]. Age in Acton.

［34］PinkaChatterji, Nancy R. Burstein, David Kidder, et al. Evaluation of the Program of All Inclusive Care for the Elderly（PACE）Demonstration The Impact of PACE on Participant Outcomes［R］. Cambridge: Abt Associates Inc., 1998.

［35］Medicare Payment Advisory Commission. Report to the Congress: New Approaches in Medicare. Washington, DC: MedPAC; 2004. http://www.medpac.gov/documents/june04_entire_report.pdf.

［36］Henk N, Phillip CB. Integrating services for older people: A resource book for managers［M］. Dublin: European Health Management Association, 2004.

［37］Nick G. Integrating care for patients and populations: developing a national strategy for integrated health and social care in England［EB/OL］. http://www.ijic.org.

［38］Leichsenring K, Alaszewski AM. Providing integrated health and social care for older persons［M］. A European overview of issues at stake. Aldershot: Ashgate, 2004.

［39］Caroline Glendinning. Breaking down barriers: integrating health and care services for older people in England［J］. Health Policy, 2003, 65: 139-151.

［40］Kirstein Rummy. Health partnerships, health citizens? An international review of partnerships in health and social care and patient/user outcomes［J］. Social Science and Medicine, 2009,（69）: 1798-1804.

［41］宋群, 焦学利. 德国养老护理服务业发展经验借鉴［J］. 全球化, 2016,（12）: 33-43+132.

［42］李闪闪. 德国养老保障制度研究［D］. 华东师范大学, 2011: 9.

［43］赵林,［日］多田罗浩三, 桂世勋（主编）. 日本如何应对超高龄社会——医疗保健、社会保障对策［M］. 北京: 知识产权出版社, 2014.

［44］厚生劳动省.介护保险制度概要［EB/OL］.（2018）.https：//www.mhlw.go.jp/content/0000213177.pdf

［45］厚生労働省.介護·高齢者福祉［EB/OL］.https：//www.mhlw.go.jp/stf/seisakunitsuite/bunya/hukushi_kaigo/kaigo_koureisha/index.html.

［46］Jones, etc. Principles of insurance：life, health, and annuities［M］.Life Office Management Association, 1997.

［47］Black, etc. Life insurance［J］.Prentice-Hall, Inc.1994（3）：16-37.

［48］Sloan F A, Norton E C. Adverse selection, bequests, crowding out, and private demand for insurance：evidence from the long-term care insurance market［J］.Journal of Risk and Uncertainty, 1997（3）：201-219.

［49］MEIER. Why the young do not buy long-term care insurance［J］.Journal of Risk and Uncertainty, 1999（1）：83-98.

［50］Anonymous. Cautious optimism for long-term care insurance sales［J］.Journal of Financial Planning, 2002（4）：19-37.

［51］Wager Richard, William Creelman.A new image for long-term care［J］.Healthcare Financial Management, 2004（4）：70-74.

［52］Mie Ohwa, Li-Mei Chen. Balancing long-term care in Japan［J］.Journal of Gerontological Social Work, 2012（7）：659-672.

［53］Satoshi Shimizutani.The future of long-term care in Japan［J］.Asia-Pacific Review, 2014（1）：88-119.

［54］Masakazu Shirasawa. Current situation and issues of the long-term care insurance system in Japan［J］.Journal of Asian Public Policy, 2015（2）：230-242.

［55］李士雪.家庭病床是社区卫生服务的一项重要形式［J］.实用全科医学.2004, 2.

［56］鲍勇.规范家庭病床管理，发展社区卫生服务［J］.江苏卫生保健.2001, 3.

[57] 高芹.家庭病床与社区护理［J］.现代医药卫生，2005，21.

[58] 吕强.设置家庭病床的必要性与现状［J］.社区医学杂志.2012，9.

[59] 曹爱召.家庭病床的建立与人性化管理［J］.家庭护理.2007，5.

[60] 肖清秀，蔡蔚，桑秀艳.家庭病床的服务方式及需求分析［J］.社区医学杂志.2004，2.

[61] 建风，予卫华.城市社区老年慢性疾病家庭护理干预模式［J］.护理研究.2001，15.

[62] 陈静敏，萧仔伶，菌道芳，等.社区卫生护理学［M］.北京：科学技术文献出版社.1999.

[63] 春秀，贺润莲，景洁.老年人健康及其护理进展［M］.护理研究.2006，20.

[64] 弓玉红.21世纪护理健康教育发展趋势［M］.护理研究.2004，18.

[65] 李林，芦文丽，王媛，等.天津市社区居民对家庭病床知晓度及意愿性调查［J］.中国全科医学.2014，17.

[66] 吕桦等.安徽省60岁以上老年人的家庭医疗需求及影响因素分析［J］.中国公共卫生.2001，17.

[67] 杨晓虹.家庭病床与住院病床医疗费用差异比较［J］.现代预防医学.2004，5.

[68] 蒋虹丽，李程跃，陈文.家庭病床与住院治疗［J］.中国循证医学杂志.2010，10.

[69] 王晓燕.社区家庭病床患者输液护理体会［J］.护士进修杂志.2010，12.

[70] 张艺漯.我国家庭病床的发展状况及对策探讨［J］.黑龙江医药科学.2009，9.

[71] 赖秀娟等.家庭病床服务开展的SWOT分析［J］.中国卫生事业管理.2016，10.

[72] 熊秀清.家庭病床护理状况的调查研究［J］.护理实践与研究.2010，7.

［73］李林，王媛.社区医院开展家庭病床的SWOT分析与对策研究［J］.中国全科医学，2013，13.

［74］李林，王媛，王卫，等.社区医院开展家庭病床的SWOT分析与对策研究［J］.中国全科医学，2013，16.

［75］老年养护院建设标准［EB/OL］.中华人民共和国民政部，［2011-04］.http：//files2.mca.gov.cn/www/201104/20110428163327233.pdf.

［76］拥有2000张床位、投资5个亿的养老机构来了——杭州滨江绿康阳光家园创建养老新模式［EB/OL］.浙江老年报，［2017-03］.http：//news.163.com/17/0317/05/CFN3BJ1N00014SEH.html.

［77］全市单体最大区级养老院——宝安区养老院"春晖苑"正式动工［EB/OL］.省市宝安区民政局，［2018-10］.http：//www.baoan.gov.cn/xxgk/qzfxxgkml/xwzx/bmdt/201810/t20181019_14311005.htm?%E7%A4%BE%E4%BF%9D.

［78］办公厅关于促进"互联网+医疗健康"发展的意见（国办发〔2018〕26号）［EB/OL］.国务院办公厅，［2018-04］.http：//www.gov.cn/zhengce/content/2018-04/28/content_5286645.htm.

［79］王红漫.大国为生之道［M］.北京：人民大学出版社，2016.